KB169864

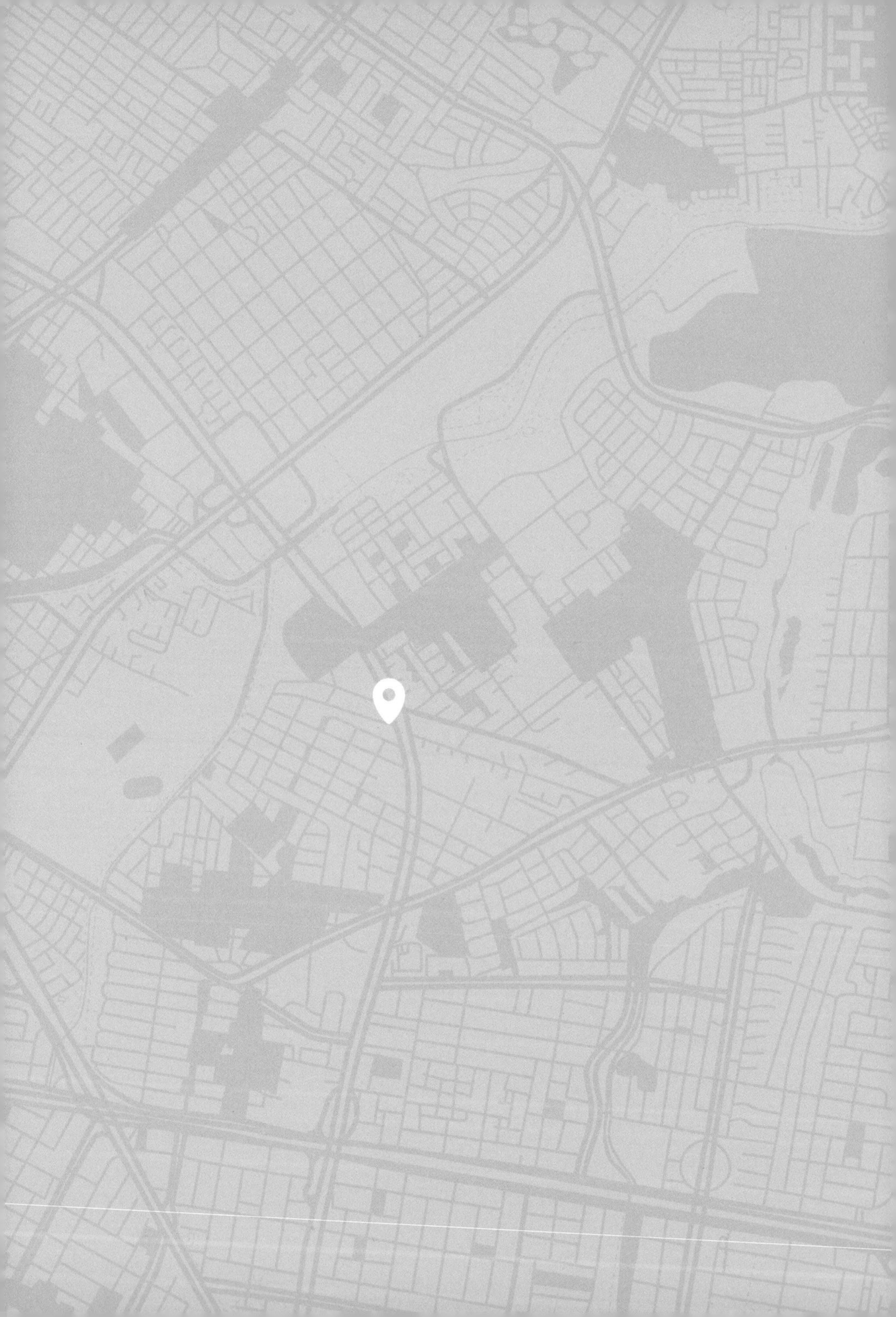

동네 빵집 우리도 열어볼까?

성수베이킹스튜디오 오너 셰프
황석용 지음

pan'n'pen

오늘도 손수
빵을 굽고 꿈을 꾸는
창업자분들께

제빵사로서 20년, 빵집 창업 컨설턴트로서 10년의 시간을 보내며 자신만의 빵집을 열려고 준비하는 사람들을 무수히 만났고, 그분들이 한결같이 하는 생각을 알게 되었다.

"제빵 기술이 좋으면 빵집을 차리는 데는 문제없을 것이다."

"빵만 잘 만들어내면 빵집도 잘 될 것이다."

대부분의 사람들이 빵을 만들 줄 알면 빵집 차리는 데에 문제가 없다고 생각한다. 빵집 창업을 염두에 두고 내가 운영 중인 제빵학원에 수업을 들으러 오는 분들 역시 다르지 않다. 대체로 제빵 수업만 열심히 듣고 나서 빵집을 연다. 하지만 빵집을 열고, 운영하는 것은 빵을 만드는 것과는 완전히 다른 영역의 일이다.

빵집을 열기 위해서는 부동산, 인허가, 인테리어, 기계장비 등에 대해 알아야 하는 것은 물론이며, 혼자 해결해야 할 일도 많고, 비용도 적지 않게 든다. 무엇을 어떻게 준비해야 하는지, 빵집을 운영하는 게 얼마나 고된 일인지 모른 채로 빵집을 여는 것은 '맨땅에 헤딩' 하기와 같다.

나 역시 처음 내손으로 빵집을 열었을 때 다른 이들과 마찬가지였다. 한 푼이라도 아끼려는 마음으로 겁도 없이 손수 인테리어를 하겠다고 나섰다. 힘은 들어 죽겠는데, 일은 진척되지 않아 인테리어 하는 데에만 장장 3개월이라는 시간을 써버렸다. 전문가한테 맡기고 빵집 문을 빨리 여는 게 나았다는 후회를 하기에는 너무 늦은 때였다.
나는 '빵집 창업'은 '군생활'과 같다고 생각한다. 대한민국 남자 대부분은 아무 생각 없이 군대에 가지만 제대 후 재입대라는 상상만 해도 치를 떨 것이다. 빵집 창업 역시 경험해보지 않으면 그 고난의 과정을 모르지만 한번 해보면 얼마나 힘든 일인지 뼈저리게 깨닫게 된다. 그렇다면 한번 해본다고 쉬워질까? 아니다. 실패했다면 더 어렵고, 성공했더라도 또 다시 좋은 결과를 만들 수 있다는 보장은 없다.
나는 빵집을 여러 차례 오픈해봤고, 프랜차이즈 가맹 사업을 한 경험을 바탕으로 준비가 덜 된 이들의 창업은 적극 만류하는 편이다. 그럼에도 의욕부터 앞서 빵집을 시작하고 말그대로 갖은 '고초'를 겪는 걸 지켜보면 내 속까지 타 들어가고 안타까울 뿐이다. 왜냐하면 동네 빵집을 준비하는 이들 대부분은 사업 확장이나 가맹점을 꿈꾸기보다는 '생계형'이기 때문이다. 한번 창업에 실패하면 삶 전체가 위협받을 수도 있는 이들이다. 아무리 작은 빵집일지라도 제빵을 손수하려면 설비에 꽤 큰 돈이 필요하다. 10년 어쩌면 20년 동안 힘들게 모은 목돈이 창업 1년 만에 사라지는 걸 곁에서 숱하게 보아 왔다.

빵 하나를 제대로 완성하려면 '계량-반죽-1차 발효-분할-예비 성형-휴지-성형-2차 발효-굽기'의 과정이 필요한 것처럼 빵집 창업에도 일련의 과정이 필요하다. 빵은 오늘 잘못 만들면 내일 다시 잘 만들 수도 있지만, 빵집은 한 번 잘못 시작하면 다시 할 수도 없고, 금전적, 정신적 손해가 너무 크기 때문에 처음부터 준비를 철저히 해야 한다. 빵을 맛있게 잘 만드는 방법을 알려주는 사람은 많다. 그러나 빵집을 여는 올바른 방법에 대해서는 누구도 제대로 알려주지 않고, 혼자서는 배울 방도가 없다.

나는 여러 번 빵집을 오픈한 경험이 있음에도 할 때마다 시행착오를 겪었으며 모든 과정이 쉽지 않았다. 창업 준비 과정에서는 시행착오를 줄이고, 문을 연 뒤에는 큰 변동이나 수정 없이 잘 유지될 수 있는 완성도 높은 빵집을 열기 위해서 나만의 '오픈 매트릭스'를 만들기 시작했다. 이를 토대로 빵집 창업 컨설팅도 시작했는데 실제로 많은 이들에게 도움을 줄 수 있어 기뻤다. 항목과 일정을 중심으로 정리되어 있던 이 매트릭스에 창업 교육에서 했던 이야기들과 경험의 내용을 붙여 한 권의 책 〈동네 빵집 우리도 열어 볼까?〉으로 엮어 보았다.

어떤 사람은 평생 한 번도 안 할 수도 있지만 하기로 결심한 이상 인생을 걸어야 하는 것이 '창업'이다. 그중에도 빵이 좋고, 빵으로 생계를 꾸리기 위해 나처럼 빵집을 여는 이들의 고민과 짐을 덜어줄 수 있는 내용이라고 생각한다. 이 책 〈동네 빵집 우리도 열어 볼까?〉을 길잡이 삼는 것과 더불어 욕심을 참고, 일희일비하지 않으며, 주변의 달콤한 말에 휘청거리지 말도록 하자. 자신이 가진 능력을 제대로 가늠하고 충분히 발휘한다면 여러분도 얼마든지 성공한 동네 빵집의 주인이 될 수 있다.

제빵사 황석용

이 책을 쓰는 데 기준이 된 '빵집의 조건'

월세
250만 원 이하가 적절하다.

보증금
5천만 원(권리금 + 보증금) 이하가 적절하다.

B급 상권
어떤 동네이든지 상권은 A, B, C 등으로 나뉜다. 상권 분류는 빵집을 열고자 하는 해당 지역 부동산을 통해 확인하는 것이 정확하다.

오너 셰프
손수 빵을 구워 판매하며 직원을 쓰기보다는 파트타임 아르바이트를 구해 매장 운영을 한다.

10~15평 규모
전체 공간의 2/3는 제빵을 위한 공간, 나머지 1/3은 판매를 위한 공간으로 정한다.

위 사항 중 규모, 위치, 인력 구성 등이 달라진다고 해도 플랜의 순서는 같고 준비 기간에서 차이가 생긴다고 볼 수 있다. 규모나 판매 제품이 음료까지 확장되더라도 작은 가게를 창업하는 일의 순서는 이 책에서 제시하는 플랜대로 따라하면 된다.

1. Pre-Plan

60일 오픈-플랜을 시작하기 전에 반드시 확인할 것들

2. Open-Plan
동네 빵집을 열기 위한 60일 간의 오픈-플랜

Pre-Open

Open

Check List

F.A.Q

1. Pre-Plan

60일 오픈-플랜을 시작하기 전에 반드시 확인할 것들

01 Naming 가게 이름 짓고 상표등록 하기

브랜드 이미지가 될 가게의 이름을 짓고 그에 맞는 로고의 방향성을 정하는 일은 매우 중요하다. 가게 이름을 정하지 않으면 사업자등록은 물론 로고 제작 같은 기본적인 브랜딩 준비조차 할 수 없다.

가게 이름 상표등록 하기

상표등록은 최소한의 보호 장치

가게 이름을 확실히 정했다면 상표등록은 하는 게 좋다. 만약 상표등록 현황을 확인하지 않고 자신이 지은 가게 이름으로 영업을 하다가 불이익을 당할 수도 있기 때문이다. 같은 이름으로 상표등록을 먼저 한 업체가 우리 가게의 간판을 내리라고 요청하거나, 수익 배분을 요구해 올 수도 있기 때문이다. 나의 권리를 지키기 위해서라도 상표등록은 하는 게 맞다.

상표등록은 오픈 1년 전부터 준비

상표를 등록하기 위해서는 동일한 상표가 있는지 검색한 뒤 상표를 출원하고 특허청에 심사를 거쳐야 상표등록이 완료된다. 심사하는 기간이 10개월에서 길게는 1년 6개월까지 걸리기 때문에 가게를 오픈하려고 마음을 먹었다면 가게 이름부터 짓고 상표등록부터 먼저 완료해 놓는 게 좋다.

Key : 상표등록은 선택이 아닌 필수이다.

특허로 사이트 접속 QR

상표등록은 되도록 변리사에게 맡기기

상표등록 절차는 복잡할뿐더러 시간도 오래 걸린다. 비용을 지불하더라도 전문 변리사에게 맡기길 추천한다. 변리사는 내가 원하는 가게의 이름 검색부터 상표등록 여부, 상표 출원, 등록까지 모두 맡아 진행해 준다.

상표등록과 유지에 필요한 비용

변리사 수임료는 조금씩 차이가 있으나 출원수수료와 등록수수료를 포함해 대략 20~30만 원 선이다. 상표등록이 완료되면 상표권은 5년 혹은 10년마다 영구적으로 갱신이 가능하다. 갱신 시에는 특허청에 5년치 또는 10년치 중 하나의 사용료 조건을 선택하여 관납료를 내면 된다.

한눈에 보는 상표 출원 과정

특허로 사이트(www.patent.go.kr)
→ 접속
→ 특허고객 등록
→ 인증서 등록
→ 메뉴에서 신청/제출
→ 국내출원
→ 면세서/서식 작성
→ 웹작성/제출
→ '상표' 메뉴
→ 상표등록출원서
→ 등록대상 입력 방법은 '고시명칭만 입력'
→ 추가
→ 등록대상 정보 입력 - 상품류 선택
→ 유사군 코드
→ 해당코드 선택
→ 선택추가
→ 지정상품
→ 지정상품 추가
→ 적용
→ 상품유형
→ 일반상표 - 적용
→ 수수료(62,000원) 확인
→ 상표 견본 입력
→ 내용 확인 후 '온라인 제출' 클릭
→ 수수료 관리
→ 수수료(62,000) 납부
→ 결제

내 손으로 상표등록 하기

내 가게와 같은 이름이 있는지 확인하기

우리나라는 '선출원주의'를 따른다. 쉽게 말해 상표를 먼저 출원한 사람이 권리를 갖는다. 어떤 상호를 먼저 사용하고 있더라도 출원을 해야 독점적 사용 권리를 취득할 수 있다는 말이다.

내가 원하는 가게 이름을 특허정보검색서비스 키프리스(www.kipris.or.kr)에서 검색하여 유사한 이름이 있는지, 하고자 하는 업종으로 등록되어 있는지 확인한 뒤 출원해야 상표를 등록할 수 있다. 만약 같은 이름의 상표가 등록되어 있더라도 업종이 다르다면 등록이 가능할 수 있다.

키프리스 접속 QR

상표 출원하기

출원서를 작성해 특허로(www.patent.go.kr)를 통해 특허청에 심사를 신청한다. 특허청에서 운영하는 특허로는 온라인 출원 및 지식재산권 관리를 위한 다양한 서비스를 제공한다. 특허로 사이트에 특허고객 등록 및 공인인증서를 등록하면 서비스를 이용하면 된다.

상표 출원은 등록하고자 하는 상표 1개를 1건으로 보지 않는다. 상표를 사용하려는 업종이 속한 상품 분류당 1건으로 취급한다. 예를 들면, 사업 영역이 카페와 빵집인 경우 제 1류, 제 2류에 대한 출원이 따로 필요하므로 2건으로 취급된다.

특허청 심사

특허청에 상표 출원서 제출을 마치면 상표 심사에 들어간다. 심사 기간은 짧게는 10개월, 길게는 1년 6개월까지 걸린다. 간혹 심사에서 거절되는 경우도 있는데, 심사 거절 시에는 의견서를 통해 1회 반박해 볼 수 있다. 중간 중간 특허청으로부터 연락이 오면 그에 맞춰 대응하면 된다.

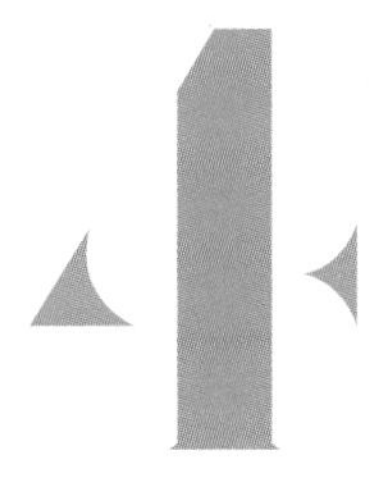

상표등록 완료

심사가 통과되면 2~3개월간의 출원 공고 후 등록이 결정된다. 이후 등록료는 5년치 기준 141,121원(지방교육세 9,120원 포함), 또는 10년치 기준 220,120원(지방교육세 9,120원 포함)을 납부하면 상표 등록이 완료된다(2023년 기준). 등록료는 1상품류마다 부과된다.

02 Budget

예산 나누기

기계장비, 인테리어, 소도구 및 매장 진열 용품, 브랜딩, 제빵 원재료, 여유자금 등으로 항목을 나눠 예산을 구성하고 우선 순위를 정한다. 빵집 창업에 있어 가장 중요한 기계장비 구입과 인테리어 비용을 먼저 정하고 소도구와 진열 용품 구입비, 브랜딩 비용은 마지막에 정한다.
빵집을 차리고자 하는 지역, 동네, 상권 등에 따라 권리금이나 보증금은 차이가 크므로 권리금과 보증금을 제외하고 대략 1억~1억5천만 원 정도의 자금이 필요하다.

부동산(권리금+보증금)을 제외하고 동네 빵집 창업 예산은 1억~1억5천만 원

기계장비

Key: 예산의 최우선 순위는 기계장비로 정한다.

4,000만~8,000만 원

기계장비 구입비는 예산 중 가장 우선 순위로 금액을 투입해야 하는 부분이다. 맛있는 빵을 제대로 만들어 내려면 실력도 중요하지만 기계장비에 따라 완성도가 달라지기도 한다. 그러니 기계장비 구입 비용이 아깝다는 생각은 접자. 또한, 되도록 중고보다는 새것을 구입한다.

3,000만~5,000만 원

인테리어 예산을 계획할 때 공사비만 생각하는 경우가 대부분이다. 업체나 현장 상황에 따라 순수 공사비에 포함되지 않는 항목이 발생할 수 있으니 그 외의 모든 항목을 예산에 넣어야 한다. 인테리어 예산에는 설계 및 시공, 전기 증설, 덕트 설치, 냉난방 기구, 간판, 가구 등까지 포함시켜야 한다.

★ 설계 비용 : 설계에 따라 인테리어의 완성도가 달라지고 분쟁의 요소가 줄어들기 때문에 반드시 시공비와 분리하여 설계 비용 예산을 따로 잡는 것이 좋다. 자세한 내용은 '06 Space Plan' 파트를 참고한다.

★ 집기 및 가구 비용 : 소품이나 이동식 가구(의자, 테이블 등)는 가급적 공사범위에는 포함시키지 않는다. 분위기에 따라 소품이나 가구를 시공업체에서 수급하여 배치하는 경우가 있지만 특수한 상황이 아니라면 손수 구매하는 것이 경제적이다.

★ 공사 비용 : 전기증설, 덕트 설치, 냉난방 기구, 외부간판, 실내외 사인물 등 별도 공사 범위에 해당되는 항목이 발생할 수 있다. 경험이 부족할수록 필요한 모든 항목을 인테리어 공사 비용에 세세하게 포함시키는 것이 안전하다. 이러한 별도의 항목을 제외하고 견적을 내는 경우가 많으므로 견적 및 계약 시 공사 범위를 꼼꼼하게 확인할 필요가 있다.

소도구 및 매장 진열 용품

500만~1,000만 원

빵을 만들고 구울 때 및 주방에서 필요한 소도구와 매장 진열에 필요한 바구니, 쟁반, 집게 등의 진열 용품도 은근히 가짓수가 많다. 이 비용을 우습게 생각했다가는 큰코다치기 십상이다. 꼭 필요한 도구, 있으면 편리한 도구를 따로 구분하여 메모를 해두었다가 예산이 부족할 시에는 꼭 필요한 도구 먼저 구입한다. 수량도 처음부터 너무 여유 있게 구매하기보다는 필요할 때마다 추가로 구매한다.

브랜딩 및 포장 재료

50만~500만 원

브랜딩은 얼마나, 어떻게 준비하느냐에 따라 비용이 천차만별이다. 적게는 50만 원에도 가능하며 로고만 달랑 만들 수 있다. 하지만 내 가게만의 아이덴티티를 가지려면 로고와 명함을 비롯해 포장 시에 필요한 스티커와 스탬프 제작을 함께 의뢰하는 게 좋다. 포장지와 쇼핑백은 기성품으로 준비하되, 스티커나 스탬프, 리본 등을 활용해서 우리 가게만의 포장 아이디어를 보여주는 게 효율적이다. 브랜딩 비용은 많이 쓰지 않는 게 현명한 방법이지만 예산에 여유가 있다면 실력과 제작물 경험이 풍부한 디자이너를 섭외하는 게 좋다.

제빵 원재료

300만~500만 원

버터, 우유, 생크림, 치즈 등의 유제품은 맛에 따라 가격의 차이가 크다. 게다가 밀가루에 비해 비용도 훨씬 많이 들어가므로 유제품을 많이 사용하지 않는 빵 메뉴를 추천한다. 제빵 원재료는 월말 결제가 가능하니 초기 예산을 줄일 수 있다.

여유 자금

대략 1,000만 원

가게 운영 중에 가장 많이 지출되는 비용이 원재료비와 인건비이다. 정규 직원보다는 내가 빵을 만들고 굽는 시간 동안 판매를 맡아 줄 파트타이머를 고용하는 게 낫다. 부부가 함께 운영하는 빵집이라면 당연히 인건비를 줄일 수 있으므로 고정으로 지출되는 부분은 재료비, 월세, 공과금 정도이다. 빵집은 다른 업종에 비해 일명 '오픈빨'이 좋은 편이라 초기에는 안정된 매출을 기대할 수 있고, 시간이 지날수록 초기에 구입한 제빵 원재료와 부재료의 재고가 쌓여 매출대비 재료 구입 비용도 서서히 줄어든다. 그러므로 여유 자금으로 6개월 정도의 월세를 준비해두면 자금으로 인해 마음이 조급해지는 일은 없을 것이다.

막막한 인테리어 예산을 설정하는 방법

인테리어 비용은 무턱대고 예산을 잡아서는 절대로 안 됩니다. 내가 원하는 스타일의 빵집을 여러 군데 찾아 돌아다니면서 인테리어 비용을 직접 물어보는 방법이 가장 좋습니다. 직접 방문하기 어렵다면 SNS를 통해 질문하거나 지인의 소개나 경험을 통해 조언을 받을 수도 있습니다. 또한, 여러 인테리어 업체의 홈페이지를 방문하여 가이드가 될 만한 포트폴리오를 살펴보세요. 내가 원하는 스타일을 찾았다면 그 인테리어의 비용을 업체 측에 문의해보면 대략의 공사 비용을 어림잡아볼 수 있습니다.

창업 예산이 부족해 대출을 받아야 한다면?

점포 계약과 임대료, 인테리어, 기계장비 구입 등을 위해서는 목돈이 필요한 게 사실입니다. 그렇다고 해도 대출은 추천하지 않습니다. 만약 초기에 투입 현금이 부족하다면 절대로 무리하지 않는 선에서 대출을 받도록 하세요.

대출을 추천하지 않는 이유는 이 책을 읽는 독자라면 '작은 가게를 꾸릴 오너 셰프'라고 생각하기 때문입니다. 브랜드를 키워 투자를 받거나, 가게 확장이나 지점 늘리기를 염두에 두는 독자라면 이 책의 콘셉트와는 멀리 떨어져 있는 분일 수 있습니다. 반면 이 책의 독자 여러분은 저와 마찬가지로 장사를 하고자 하는 것이지 사업을 하려는 게 아니라고 생각합니다. 그러니 대출은 되도록 없을수록, 적을수록 안정된 시작을 할 수 있습니다.

03 Location 가게 자리 및 상권 파악하기

상권을 살펴볼 때는 유동인구의 변화가 가장 중요하다. 시간대별로 사람들이 얼마나 돌아다니는지를 잘 살펴볼 필요가 있다. 특히 내가 영업하고자 하는 시간대의 유동인구 변화를 파악하는 게 중요하다.

충분히 시간을 들여 지켜보아야 알 수 있다

유속이 느려야 한다

유동인구가 많아도 유속이 빠르면 주변을 둘러보지 않고 바쁘게 지나가기 때문에 사람들의 움직임이 느린 곳이 좋다. 4차선 이상의 대로변은 차가 많아 유동인구가 적으므로 한 블록 뒤의 골목이 오히려 빵집을 열기에 유리하다.

학원이나 병원 주변이 좋다

학부모와 아이들이 많이 오가는 학원이나 병문안 선물로 빵을 찾는 방문객이 많은 병원 등의 주변에 있는 빵집은 장사가 잘 된다. 반면 술집이 많은 곳은 낮에 다니는 사람이 적고 저녁에는 저녁 식사나 술을 먹으러 가기 바쁘기 때문에 빵집에 들르는 사람이 적다.

새로 생긴 아파트 단지는 피한다

새로 생긴 대단지 아파트 상가는 깔끔하고 산뜻

Key: 내가 사는 동네, 살았던 동네가 좋다

해서 선호하는 경우가 많다. 하지만 상권의 활성화가 잘 돼 있는지 먼저 따져봐야 한다. 월세만 비싸고 세대수에 비해 유동인구가 많지 않으면 영업이 잘 안 될 확률이 높다. 오히려 단독, 빌라, 다가구 세대가 많은 곳이 대부분 상권 형성이 잘 되어 있고 세대수 대비 유동인구도 많다. 세대수보다는 유동인구가 훨씬 중요한 영업 요소이다.

내가 잘 아는 동네가 좋다

가게를 알아볼 때 1순위는 내가 사는 혹은 살았던 동네이다. 잘 아는 동네이기 때문에 이미 상권을 파악하고 있으며 더 쉽게 상권을 분석할 수도 있다. 반면 전혀 모르는 동네는 상권 파악 자체가 쉽지 않다. 유동인구는 아침, 점심, 저녁 그리고 평일과 주말이 다르고 심지어 계절에 따라서도 달라진다. 그러니 모르는 동네에 가서 잠깐 본다고 그곳의 상권을 파악할 수는 없다. 동네 빵집을 열려면 내가 가장 잘 아는 동네를 우선으로 알아본다.

내가 판매할 빵과 상권의 관계

구운 뒤 바로 먹어야 맛이 좋은 하드 계열의 빵을 판매할 계획이라면 가능한 오전 시간대에 유동인구가 많은 곳이 알맞습니다. 빵이 가장 맛있을 때 팔아야 하므로 아침에 오픈해서 오후 4시 전에 판매를 마치는 것을 목표로 삼으세요. 행여 빵이 남더라도 늦게까지 영업을 하는 것은 추천하지 않아요. 반면 만들어서 다음 날 먹어도 괜찮은 부드러운 빵 위주로 판매할 계획이라면 저녁 시간까지 영업을 하는 게 좋겠지요. 이럴 때는 저녁까지 유동인구가 많은 지역을 선택하면 됩니다.

경쟁을 피할 수 있는 방법은 없다

사람들이 살고있는 동네라면 당연히 프랜차이즈 빵집이 있습니다. 그걸 피할 수는 없어요. 그러니 자기만의 장점을 살려야 합니다. 프랜차이즈 빵집이 잘 될수록 상권이 좋다는 의미이니 나의 빵집도 잘 될 확률이 높다는 걸 잊지 마세요. 만약 나의 동네 빵집이 성공한다면 바로 근처에 작은 동네 빵집이 또 생길 확률 역시 높습니다. 역시 상권이 좋아진다는 긍정의 의미이니 이럴 때일수록 나만의 개성과 장점을 살릴 수 있는 제품과 품질에 더 집중하세요.

04 Real Estate

부동산을 통해 가게 자리 알아보기

점포 임대는 가게를 열기 위한 첫 준비이자 가장 중요한 항목이다. 나에게 알맞고도 좋은 임대매물을 구하려면 시간과 발품을 들이는 게 정답이다. 더불어서 나의 예산과 영업 계획(메뉴, 기계장비, 인테리어 등)을 얼마나 철저하고 세밀하게 정리하였는지가 관건이다.

시간을 두고 발품 파는 만큼 좋은 자리를 얻는다

여러 부동산을 통해 다양한 매물을 소개받는다

가게를 열고자 하는 동네를 정했다면 반드시 1년~6개월 전부터 주변의 모든 부동산을 방문하며 발품을 팔아 임대매물을 알아보도록 한다. 인터넷을 통해 부동산 매물을 알아보는 건 큰 의미가 없다. 그저 특정 동네의 시세를 파악하는 용으로만 활용하면 된다.

대부분의 매물은 부동산끼리 공유하지만, 진짜 좋은 매물은 공유하지 않기 때문에 조건이 좋은 가게를 얻기 위해서는 내가 정한 지역의 모든 부동산을 돌아다니며 최대한 많은 매물을 봐야한다. 시간이 걸리더라도 여러 부동산을 방문하는 게 아주 중요하다. 또한 부동산 중개인을 내편으로 만들어 두면 점포 임대 시 생각보다 많은 금액을 아낄 수도 있다.

Key : 주변의 모든 부동산을 방문한다.

○ — 내 목표치에 알맞은 상권을 고려한다

어떤 동네라도 A, B, C급 상권이 있다. 이것은 유동인구가 주된 기준으로, 유동인구가 많을수록 좋은 상권이므로 A급은 당연히 임대료나 권리금이 비싸다. 하지만 빵집은 굳이 A급 상권에 있지 않아도 된다. 금액대비 상권이 좋은 곳이면 금상첨화이겠지만 B급 상권이라도 괜찮다. 왜냐하면 작은 규모의 동네 빵집이 하루에 생산할 수 있는 빵의 수량에는 한계가 있기 때문에 매출에도 한계가 생긴다. 내가 만드는 빵의 품질에 정말 자신있고, 단기간에 큰 돈을 벌 생각이 아니며, 다른 사람 눈치보지 않고 좋아하는 나만의 일을 하면서 여유 있게 빵집을 운영하는 게 목적이라면 C급 상권에 차려도 상관없다.

부동산에 가기 전에 스스로 정할 것

내게 필요한 평수

10평~15평이 적당하다.

면적의 2/3는 주방,

1/3은 매장으로 구성하는 게 알맞다.

내가 하고자 하는 업종

빵집

3

내가 준비한 가게의 보증금

보증금에 권리금을 고려하여 총 금액을 정한다.

보증금은 나중에 돌려받을 수 있는 금액이고, 권리금은 돌려받지 못할 수도 있는 금액이다. 이 두 가지를 합쳐 보증금 예산으로 잡는다.

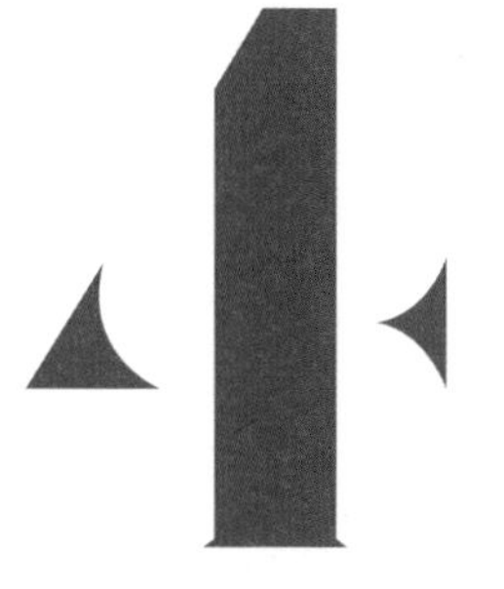

내가 지불할 수 있는 월세 금액

최대 300만 원을 넘지 않도록 한다.

월세가 저렴하다고 꼭 좋은 것은 아니다. 월세 70만 원과 150만 원의 차이는 상권과 건물의 상태 등에서 드러난다. 직원 1명을 고용한다고 하면 최소 250만 원의 인건비가 들어가고 최소 3배의 매출을 더 올려야 한다. 부동산으로 인해 매출이 달라질 수 있기 때문에 무조건 저렴한 곳만 찾아서는 안 된다.

부동산에 가서 할 일

○ — **자신의 계획**(업종, 예산, 평수 등)**을 상세히 설명한다**

부동산에 가기 전에 스스로 정한 사항들을 꼼꼼하게 정리해서 내 연락처와 함께 프린트를 여러 장 한 뒤 방문하는 부동산마다 남겨둔다. '나는 지금 준비가 완전히 돼 있으니 좋은 자리가 나면 바로 계약 할 수 있다. 하지만 좋은 자리가 나지 않으면 절대로 시작하지 않겠다'라고 부동산 중개인에게 각인시킨 뒤 연락을 달라고 요청한다. 언제 가게를 오픈할 예정인지는 얘기하지 않는 게 좋다. 부동산 중개인은 오픈 날짜가 촉박하면 빨리 계약을 성사시키려 하고, 오픈 날짜가 한참 남았다면 나중에 다시 오라고 한 뒤 그다지 신경 쓰지 않는다.

○ — **부동산 중개인을 내편으로 만든다**

부동산 중개인을 두 번 정도 만났을 때 수수료 이야기를 슬쩍 꺼낸다. 중개인이 얼마를 얘기하든 절대 깎지 않겠다는 걸 인지시키고, 좋은 매물 소개와 권리금에 대한 조율을 부탁한다. 중개인을 내편으로 만들면 계약 조건을 내게 유리하게 만들수 있고 이는 비용을 아끼는 방법이기도 하다.

○ — 부동산 중개수수료의 범위를 알고 간다

보통 부동산 중개인의 수수료는 매물 전세가의 최고 0.9%이다. 중개인에게 수수료를 먼저 물어보고 0.9% 이하라는 답이 돌아온다면 원하는 조건의 매물, 권리금 할인 등에 대한 의견을 정확히 전달하고 수수료는 이야기한 대로 확실히 지급하겠다고 제안한다.

○ — 렌트 프리 조건을 말한다

건물에 빵집이 들어오는 걸 꺼리는 건물주는 거의 없다. 오히려 1층에 카페나 빵집이 들어오는 것을 환영하는 편이다. 빵집은 보기에 좋고, 깔끔하며, 맛있는 냄새도 나고, 사람이 몰릴 확률이 높아 건물의 가치가 상승하기 때문이다. 이러한 장점을 언급하고, 인테리어를 예쁘게 잘 완성할테니 인테리

어 공사 기간 동안 '렌트 프리'가 가능한지 제안해 본다.

렌트 프리는 건물주에게 월세를 내지 않는 기간을 말한다. 보통 인테리어 설계와 시공을 하는 3~4개월 정도로 제안해볼 수 있다.

○ — 초보라고 주눅들 필요 없다

주택의 중개 수수료(0.4%)보다 상가의 중개 수수료가 훨씬 높기 때문에 중개인에게는 상가를 구하는 고객이 더 반갑다. 그러니 초보라고 주눅들지 말고 잘 모르는 것은 자세하게 질문하고, 요목조목 짚어가며 요구 사항이 있을 때는 당당하게 밝히도록 한다.

2층? 반지하? 괜찮을까?

주변 시세 대비 보증금이나 임대료가 저렴하고 권리금도 없으며, 깔끔하고, 창문이 있고, 수압도 좋으며, 전기도 잘 쓸 수 있는 자리가 났다고 칩시다. 마지막으로 꼭 확인할 것은 바로 소방법입니다. 평수가 작으면 해당되지 않을 수 있지만 넓으면(66m^2 이상) 소방시설완비증명서 발급 여부를 확인해야 합니다. 2층 이상이거나 소방법에 해당되는 반지하는 스프링클러 설치가 필수일 확률이 높고 완강기까지 설치해야 할 수도 있습니다. 이미 설치되어 있다면 문제가 없지만 아니라면 그 비용을 감내하면서까지 그곳에 가게를 차려야 하는지 고민해볼 필요가 있습니다. 혹 반지하라면 지면과의 차이가 크지 않다면 고려해볼만 합니다. 다만 '자연배수'가 되는지 꼭 확인하세요. 펌프를 사용하여 배수하는 장소라면 피하는 게 좋습니다. 빵을 만들다보면 기름진 오수가 많이 나올 수 있으므로 펌프를 사용해 배수하면 고장이 잦을 확률이 높습니다.

기존에 빵집이 있던 자리는 과연 좋기만 할까?

인허가에 문제가 없고 전기 증설이 필요없거나 소량만 증설할 수 있습니다. 동네 사람들이 빵집 자리라는 것을 알기 때문에 특별히 홍보를 하지 않아도 됩니다. 이러한 부분은 큰 장점이죠. 만약 조금만 손을 보고 입점하면 되는 곳일지라도 되도록 인테리어는 바꾸는 게 좋습니다. 장사가 잘 되던 곳이든 그렇지 않든 간에 전에 있던 빵집과 비교될 수 있고, 기존 빵집의 이미지가 좋지 않았다면 그 영향을 고스란히 받을 수 있습니다. 인테리어를 바꿔 주인이 바뀌었다는 것을 확실하게 알리세요.

05 Menu

메뉴 구상하기

대체로 나만의 빵집을 열기 위해 수많은 제빵법을 배우며 준비를 한다. 그러나 다양한 레시피보다 중요한 것은 스스로 운영할 수 있는 규모와 구성을 제대로 파악하는 것이다. 내가 판매할 빵 종류에 따라 기계장비는 물론이며, 점포의 크기와 예산까지 확 달라진다는 것을 기억하자.

메뉴를 미리 미리 정해보는 이유

○ — 상권에 따라 달라져야 하는 메뉴

내가 잘 만들고 좋아하는 메뉴보다 가게를 열고자 하는 곳의 상권에서 경쟁력을 갖춘 메뉴를 구상하는 게 좋다. 욕심을 부려 메뉴를 다양하게 구성하기보다는 처음에는 3~5종류만 제대로 만들어 판매하고 점진적으로 1종류씩 늘려간다.

○ — 빵 종류와 생산 수량 정해보기

내가 어떤 빵을 만들어서 팔지, 또 하루에 어느 정도 분량의 빵을 생산할지에 따라 기계장비가 달라지므로 그에 맞는 장비를 미리 알아보고 원하는 공간에 가상으로 배치해보기도 해야 한다. 빵을 배우는 단계에서는 여러 종류의 빵을 배우되 내 가게에서 어떤 빵을 팔지는 미리 정해야 기계장비 선택이 수월하다.

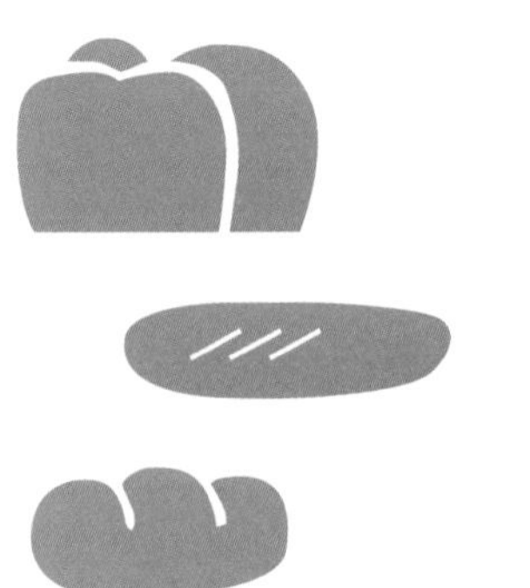

• 메뉴 구성에 대한 자세한 내용은 08 Menu, Price 파트 185쪽을 참고한다.

Key: 메뉴를 결정해야 기계장비를 세팅할 수 있다.

프랜차이즈 빵집에서 잘 팔지 않는 메뉴로 구성하기

오너 셰프로서 동네 빵집을 운영할 경우, 메뉴 구성은 대기업 프랜차이즈 빵집에서 판매하지 않는 것이라야 경쟁력이 있습니다. 냉동 생지 사용이 가능한(설탕과 버터가 들어가는) 빵을 프랜차이즈 빵집과 비슷하게 구성해서는 경쟁이 어렵습니다. 대기업은 냉동 생지를 만드는 기술력이 좋고, 구웠을 때 맛도 좋으므로 대량 생산을 하는 그들과 동네 빵집은 가격 경쟁이 불가능합니다. 하지만 같은 제품이어도 맛의 차이가 확연한 하드 계열의 빵(예를 들어 설탕과 버터가 들어가지 않은 빵)을 반죽부터 완성까지 도맡아 한다면 동네 빵집의 경쟁력이 높아집니다. 그러므로 냉동 생지를 사용하는 빵으로만 메뉴를 구성하는 것은 가급적 추천하지 않습니다. 프랜차이즈 빵집은 어느 동네에나 있습니다. 그곳들과 경쟁해서 이기려는 시도보다는 그곳들과 다른 메뉴를 구성하는 편이 낫습니다.

06 Equipments 기계장비 구성하기

여러 제빵 업장에서 일을 해본 경험이 있더라도 제빵 기계를 구매할 때는 반드시 다양한 사람들의 조언을 구해야 한다. 판매할 빵 메뉴와 예산, 상권, 점포 크기, 동선 등에 대해 포괄적으로 조언을 구한다.

기계 장비 구매에 실수가 있어서는 안 된다

○ — 부동산에도 영향을 미치는 기계장비

구성한 메뉴에 따라 사용해야 하는 기계장비의 종류가 달라지고, 하루에 구울 빵의 수량에 따라 반죽기의 크기, 데크오븐이나 컨벡션오븐의 필요 개수가 달라진다. 그에 맞춰 예산을 짜고 크기와 동선이 알맞은 규모의 가게를 알아봐야 하므로 메뉴 구성을 대략 마쳤다면 그 다음 기계장비를 구성한다.

Key: 주변에 충분히 조언을 구한 다음 결정한다.

기계장비를 미리 결정해 놓아야 내가 정한 기계장비의 스펙에 따라 가게에 전기를 얼마나 증설해야 하는지도 결정된다.

• 기계장비 스펙에 따른 전기 증설 방법은 90쪽을 참고한다.

○ — 선생님, 선배, 동료, 기계장비 업체와 충분히 논의

기계장비를 선택할 때는 여러 사람의 조언을 구하는 것이 좋다. 혼자 생각하고 판단하여 구입하는 것은 섣부르다. 특히 다양한 브랜드의 기계장비를 써본 경험이 많지 않다면 내가 빵을 배운, 경력이 많은 선생님이나 빵집을 오랜 기간 운영하고 있는 동료나 선배, 그리고 기계장비 업체와 논의 후 도움을 받도록 하자. 조언을 구할 때는 내가 어떤 빵을 판매할지, 어느 정도의 양을 생산할지 등 본인이 구성한 메뉴를 자세히 설명해야 그에 맞는 기계장비를 추천받을 수 있다.

• 기계장비에 대한 자세한 설명은 '09 Equipments' 파트 197쪽을 참고한다.

2.

Open-Plan

동네 빵집을 열기 위한
60일 간의 오픈-플랜

동네 빵집 창업을 위한 60일 오픈 매트릭스

구분	D-60	D-58	D-56	D-54	D-52	D-50	D-48	D-46	D-44	D-42	D-40	D-38	D-36	D-34	D-32	D-30	D-28
허가 신고 재무	부동산 임대차 계약						확정일자										
	식품 위생교육													세무사 /노무사			
	보건증 발급										홈텍스 카드 등록						
				영업 신고			사업자 통장/카드 발급										
					사업자 등록												
로고 인테리어	로고 제작														네임택, 명함, pop등		
				인테리어 도면 디자인 작업													
													인테리어 시공(오픈 현수막				
	특허청 상표 등록																
운영										인터넷, 전화, 보안 신청							
	최종 메뉴 구성																
														포스 업체 서류 전달			
																영업시간, 정기	
기계장비 소도구		기계장비 등록															
							소도구 발주										
										다이소/ 인터넷/ 마트 등 매장, 주방 소도구 구입							
원재료 부재료						포장지, 상자, 스티커 등 발주											

D-24	D-22	D-20	D-18	D-16	D-14	D-12	D-10	D-9	D-8	D-7	D-6	D-5	D-4	D-3	D-2	D-1	D-day
(상가) 화재보험 가입																	OPEN
		노란 우산 공제 / 퇴직연금 최대 가입															
터넷, 전화, 보안 설치																	
직원/pt 모집									직원/pt 출근 교육								
	유니폼 가운 발주											가운 입고					
													포스 설치				
													시제금 준비				
															pre-open		
								장비입고									
									소도구 입고								
										구입 물품 입고							
										포장지 입고							
						원재료 발주					원재료 입고						

01

License

각종 증명서 준비하기

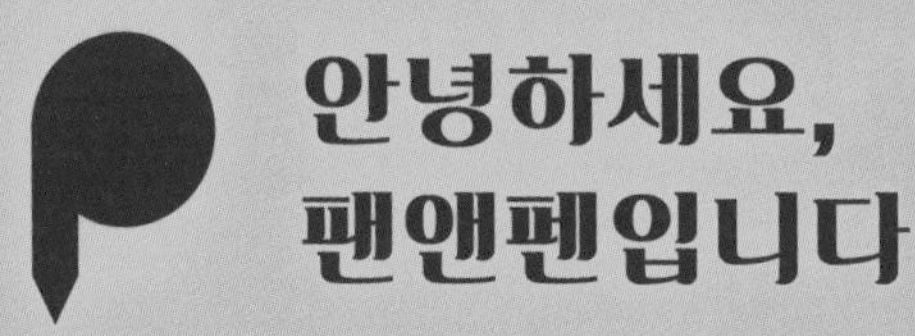

안녕하세요, 팬앤펜입니다

팬앤펜은 매일 조금씩, 더 즐거워지는 삶을 위한 콘텐츠를 다룹니다. 무언가를 상상하고, 고민하고, 그리고, 쓰고, 공부하는 이들의 기술과 지혜를 모아 책으로 엮어냅니다. 그 책을 만남으로써 또 다른 누군가의 일상과 삶에 새로운 기술과 지혜가 깃들기를 바랍니다.

두 손으로 완성하는 기쁨을 주는 '실용도서', 하루하루 쌓여가는 일상의 드라마와 삶의 지혜와 경험을 나누는 '에세이', 인생의 맛과 멋을 찾아가는 '여행 및 인문 도서' 그리고 삶의 결정적 순간에 필살기가 되어줄 '수험 및 학습' 도서 등을 펴내고 있습니다.

더불어, 개인과 브랜드, 기업의 이야기를 모아 온/오프라인 지면으로 함께 정리하고 펴내는 기획 출판 및 출판 대행을 하고 있습니다. 재능과 기록, 기억과 역사를 정리하여 사료화하고, 스스로를 알리는 일에 팬앤펜이 힘이 되어 드릴게요.

고맙습니다. 반갑습니다.

T. 031-939-0582 | F. 02-6442-2449 | M. panpenpub@gmail.com
W. blog.naver.com/pan-pen | SNS. @pan_n_pen

** 출판 문의는 이메일로 기획안 및 원고 등을 함께 보내주시면 감사하겠습니다 **

요리에 진심이라면 꼭 볼 책

시크릿 레시피 SECRETS RECIPES

인스타그램 125만, 유튜브 71만 팔로워의 '마카롱여사'가 운영하는 네이버 요리카페(회원 15만여 명) '시크릿레시피2015' 회원들과 스웨덴 조리도구 브랜드 '스켑슐트'가 함께 만든 요리책. 생활 요리 고수들이 알려주는 알뜰하고 아주 쉬운 '남의집 손맛 비결'이 담겨 있어요.

| 시크릿레시피 회원 제공 | 스켑슐트 코리아 엮음
| 문인영(101recipe) 차림 | 김동하 사진

프랑스 요리, 프라이팬 하나로

'달랑 '프라이팬 하나'로 '누구나' 만들 수 있는 간단한 프랑스 가정식 레시피북. 현재 프랑스에 살면서 쉽고 감각적인 레시피로 230만 명 이상의 유튜브 팔로워를 이끄는 요리사가 정말 간단한 프렌치 쿠킹 노하우를 알려드립니다. 샐러부터 고기요리까지 있으니 포근하고 맛있는 프랑스 가정식을 집에서 즐겨보세요. | 에모조와 지음 | 백현숙 옮김

식스 시즌 Six Seasons

제철 채소가 가진 맛을 오롯이 끌어내며 즐거운 요리 생활을 하게끔 해주는 명물 레시피북. 채소의 시간으로 나눈 일 년 여섯계절에 나오는 채소 정보와 눈이 즐거운 사진과 그림, 놀랍도록 깊은 맛을 내는 채소 조리법을 담았습니다. 채식이 어렵다면 제철 채소부터 시작해보면 어떨까요? | 조슈아 맥퍼든, 마사 홈버그 지음 | 김승범, 오승해 옮김

계절 과일 레시피 + 과일 플레이팅 부록 책

대한민국의 제철 과일 20여 가지로 만드는 280여 가지 요리법 수록. 과일 정보부터 샐러드, 샌드위치, 음료, 잼과 청, 절임 요리, 피자, 파스타, 국수, 고기와 해물 요리까지 있어요. 본책(504쪽) 구매 시 제철 과일을 예쁘게 깎아 차려내는 방법이 담긴 별책(84쪽)을 함께 드려요.

| 김윤정(그린테이블) 짓고 차림 | 박유빈(스튜디오뉴빈) 사진 | 박세연 그림

에세이 & 라이프스타일 레시피

에세이

인문학으로 맛보다, 와인 치즈 빵

와인과 치즈가 즐비한 미식테이블에서 무슨 말을 꺼내야할지 어색한 여러분을 위한 책입니다. 와인, 치즈, 빵에 얽힌 사람과 역사 이야기를 읽다보면 어느새 테이블에서 나눌 이야깃거리가 여러분 안에 차오르게 될 거예요. | 이수정 지음

에세이

글 그림

지금 내 곁에 있는 소중한 사람에게 선물하고 싶은 책을 소개합니다. 그림책 작가이자 일러스트레이터인 이철민이 기록한 6년 간의 '오늘'을 책으로 엮었습니다. 재미난 그림과 절묘한 언어 유희가 한 장 한 장 펼쳐질 때마다 따뜻하면서도 유쾌한 상상력에 웃음이 절로 번질 거예요. | 이철민 쓰고 그림

공예

마크라메 북클래스

남다른 마크라메 디자인을 배워보고 싶다면 이 책을 펼쳐보세요. 그림과 사진을 보며 차근차근 따라하다 보면 어느새 나만의 디자인을 창작할 수 있는 실력과 감각을 키울 수 있습니다.

| 변지예(끌레드뤈느) 지음 | 빅싱국 사진

미용

고르고 고른 천연 화장품 레시피

한국핸드메이드강사협회(www.khia.co.kr)를 운영 중인 저자들의 실용적 노하우를 집대성한 레시피 290가지 수록. 초보자를 위한 기초 파트부터 얼굴 피부 관리, 바디 용품, 아이, 남성, 사춘기자녀를 위한 레시피, 홈케어와 남은 재료를 활용한 초간단 레시피까지!

| 채병제, 채은숙(한국핸드메이드강사협회) 지음

| 김수경(스튜디오잇다) 세팅 | 기성률(키스튜디오) 사진

나의 지식과 기술 습득을 위한 책

영어공부

이단아 보카 : 그린 레벨 시즌

무료 동영상 강의를 보며 나만의 영단어 비법 공책 만들기!
시즌 1편은 접미사를 통해 명사, 동사, 형용사, 부사의 변화를 자연스럽게 익히며 단어를 확장할 수 있습니다. 시즌 2편은 접두사를 통해 다양한 품사와 어근을 익히며 단어를 확장해봅니다. 더이상 단어를 외우려고 들지 말고 머릿속에 저절러 떠오르게 해보세요.
무료 동영상 강의를 보시고자 한다면
오른쪽의 QR 코드로 바로 접속!

| 김승범, 심호승 지음

수험서

미트마스터로 가는 길 : 식육처리기능사 시험 대비서

고도의 기술과 지식을 요하는 식육처리기능사 자격증을 따기 위해 꼭 통과해야 하는 국가자격시험 실기 대비서. 실기 과목인 지육 발골 및 정형의 전체 과정별 상세 사진과 설명을 모두 수록! 부분육 감별 시험을 대비한 소와 돼지고기 부위별 사진까지 빠짐없이 볼 수 있습니다. 실기 시험 준비물과 실전 요령에 대한 저자의 꼼꼼한 조언도 담았습니다. 발골 및 정형 동영상 강의는 오른쪽의 QR코드로 바로 접속!

| 임치호 지음 | 김천제 감수 | 박상국 사진

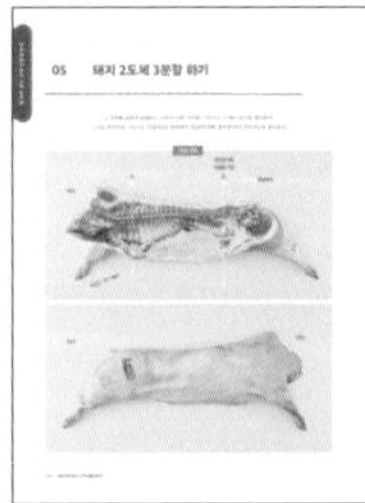

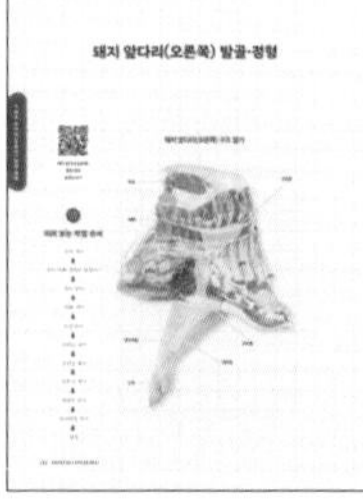

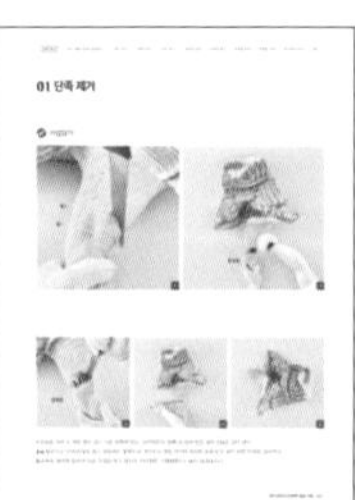

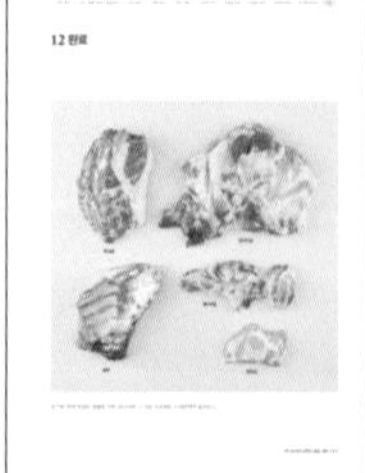

Key: 일의 순서가 중요하다

빵집을 열기 위해서는 사업자등록증, 영업신고증, 식품위생교육필증, 보건증이 모두 필요하다. 중요한 것은 발급받는 순서이다. 사업자등록을 내려면 영업신고증이 있어야 한다. 영업신고를 하려면 임대차계약서, 식품위생필증, 보건증이 필요하다. 어떤 증명서를 발급 받기 위해 필요한 서류가 무엇인지 미리 알아보고 챙겨야 일을 두 번, 세 번 하지 않는다.

영업 전에 증명서 발급 받는 순서

식품위생교육필증

휴게음식점, 일반음식점, 제과점으로 영업을 하려면 식품위생법령에 따라 관할 시·군·구에 반드시 영업신고를 해야 하는데, 이때 식품위생교육필증을 제시해야 한다.

건강검진결과서(보건증)

식품위생법 제40조에 속한 법에 따라 휴게음식점, 일반음식점, 제과점, 유흥업 등 식품과 요식업 관련 종사자나 종업원이라면 누구나 받아야 하는 건강검진증명서(예전에는 이를 보건증이라 했다)이다.

영업신고증

모든 업종이 영업신고를 하고 증명서를 발급받아야 하는 것은 아니나 제과점(빵집)으로 영업을 할 경우에는 영업신고증이 필요하다. 영업신고증을 받으려면 임대차계약서가 있어야 한다는 것도 잊지 말자.

사업자등록증

사업을 시작하고 발생하는 소득에 대해서는 납세의무가 생기므로 사업자에 대한 정보와 사업 사실을 세무서에 알리는 절차라고 할 수 있다. 사업 시작 전에 반드시 발급 받아야 하는 증명서이다.

식품위생교육필증 발급 받기

○ — 식품위생교육을 받고 통과해야 한다

식품위생교육필증은 국민들에게 안전하고 건강한 먹거리 제공 및 공급, 외식산업 경영합리화 및 위생 교육 수준 향상 제고, 음식문화개선과 좋은 식단의 지속적 추진을 위해 만든 것이다. 이는 신고만으로 받을 수 있는 것이 아니라 정해진 식품위생교육을 받아야만 필증을 발급 받을 수 있다.

○ — 영업 중에는 매년 교육을 이수해야 한다

영업을 하는 동안은 매년 식품위생교육을 받아야 하며, 교육을 제대로 이수하지 않으면 과태료 처분이 내려진다. 신규 영업자는 반드시 집합교육을 받아야하지만 기존 영업자는 온라인 수강도 가능하다.

○ — 영업 형태에 따라 발급처가 다르다

제과점(빵집)의 경우는 (사)대한제과협회에서, 휴게음식점과 일반음식점은 (사)한국외식업중앙회에서 식품위생교육필증 발급 받는다. 이 책의 독자라면 '제과점'에 해당된다.

교육 신청부터 완료까지의 방법

(사)대한제과협회를 통해 '신규영업자 집합교육'을 신청한다. (사)대한제과협회 홈페이지(bakery.or.kr)의 [위생교육]-[공지사항]을 통해 일정을 확인하고, 사전 접수 후 결제를 진행하면 교육에 참여할 수 있다. 지역에 따라 달라질 수 있으나 교육은 1달에 1번 정해진 날짜에 진행되며, 오전 10시~오후 5시까지(중식 1시간 포함) 총 6시간이다.

교육 장소는 (사)대한제과협회 중앙회 교육원으로, 각 시도별 교육원은 (사)대한제과협회 홈페이지(bakery.or.kr)에서 확인할 수 있다.

제과점은 휴게음식점이나 일반음식점으로 영업신고를 해도 되는 경우가 일반적이나 관할 지역에 따라 기준이 다를 수 있으니 발급처에 먼저 문의해본다. (사)대한제과협회의 '신규영업자 집합교육' 일정이 공교롭게 나와 맞지 않을 때는 (사)한국외식업중앙회에서 식품위생교육필증을 발급 받고, 영업신고를 휴게음식점이나 일반음식점으로 할 수도 있다.

건강검진결과서 (구 보건증) 발급 받기

○ — 건강검진을 거쳐 발급 받을 수 있다

영업을 하는 데 있어 위생에 이상이 없음을 증명하는 서류이다. 보통 가까운 지역 보건소에서 검진 후 발급받을 수 있으며, 지역에 따라 지정 병원에서 가능하기도 하다. 신분증을 가지고 보건소나 병원을 방문하여 건강진단결과서 발급 신청서를 작성하고 검사를 통해 이상이 없을 시 발급된다. 비용은 보건소는 3,000원, 병원은 10,000~30,000원이다. 영업신고를 할 때 식품위생교육필증과 함께 준비해야 하는 서류이니 시간 있을 때 미리 발급 받는 게 좋다.

○ — 검진 영역은 주로 전염성 질환이다

신청 유형에 따라 검진 종류가 달라지나 식품분야 종사자는 폐결핵 검사(상체 엑스레이), 전염성 피부질환 검사(손등·손바닥 검사), 장티푸스와 세균성 이질 검사(분변 검사)를 진행한다.

○ — 발급 기간과 발급처 확인하기

검사 후 3~7일 정도 소요되며 검사 받은 기관을 방문하거나 인터넷을 통해 발급 받을 수 있다. 본인이 직접 수령할 때는 신분증과 접수증을 지참하고,

대리 수령할 때는 위임장, 발급받을 사람의 신분증, 대리인 신분증이 필요하다. 인터넷 발급은 해당 보건소 홈페이지나 공공보건포털(www.e-health.go.kr), 정부24(www.gov.kr)를 통해서 가능하다.

○ — 매년 재검사를 받아야 한다

유형에 따라 다르지만 식품분야 종사자의 경우 유효기간이 1년이다. 기간 연장은 불가능하고 1년 안에 재발급만 가능하다. 발급 받은 지 1년이 지나지 않았다면 추가 검사 없이 보건소 방문이나 온라인을 통해 재발급 가능하고, 1년이 지났다면 다시 검사를 받아야 한다.

영업신고증 발급 받기

○ — 해당 지역 관할 공공기관에서 발급 받는다

영업신고증은 관할 시·군·구청에서 '영업이 가능하다'는 승인을 증명하는 문서이다. 내가 어떤 영리 활동을 하는지에 따라 나라에서 요구하는 서류를 준비-제출-신고 후 발급 받을 수 있다. 영업장이 속하는 지역의 관할 시·군·구청 위생과를 방문하여 신고서를 작성하면 된다.

○ — 발급 받기 위해 임대차계약서가 필요하다

식품위생교육필증과 건강진단결과서는 임대차계약서가 없어도 되지만 영업신고증은 영업장이 있어야만 하므로 임대차계약서가 필요하다. 불법 증축 등의 건축법을 위반한 건물에 대해서는 영업신고증이 발급되지 않는다. 그러니 임대차 계약 시 등기부등본과 건축물대장을 꼼꼼하게 살펴봐야 한다.

영업장의 환경에 따라 소방필증 등의 서류가 필요할 수 있다. 방문 전에 관할 시·군·구청의 해당 위생과에 전화로 문의하여 서류를 빠짐없이 준비한다.

○ — 영업개시 1달 전에 신청한다

영업신고증 발급신청은 영업개시일 1달 전부터 가능하다. 간혹 관할청에서 신고자의 영업개시일이 지난 뒤 시설 확인 차 방문하기도 한다. 미리 영업신고증을 받는 이유는 사업자등록 신청을 위해 꼭 필요한 서류이기 때문이다. 사업자등록증이 있어야 사업자통장과 카드를 만들 수 있고, 이를 활용해 영업 준비에 필요한 비용을 지불해야 나중에 경비로 인정되기 쉽고 세금 혜택도 받을 수 있다.

○ — 필요한 준비물과 비용을 확인하자

본인 발급 시에는 신분증, 건강진단결과서, 식품위생교육필증, 부동산 임대차 혹은 매매계약서가 필요하다. 대리 신고 발급 시에는 신분증, 건강진단결과서, 식품위생교육필증, 부동산 임대차 혹은 매매계약서, 대표자의 인감도장 및 인감증명서, 위임장, 대리인 신분증이 필요하다.

민원실에서 지방세 체납 여부 확인 후 발급되는데, 수수료 2만8천 원과 등록면허세 1~2만 원을 납부하면 3시간 내에 영업신고증을 발급 받을 수 있다. 등록면허세는 시·군·구마다 조금씩 차이가 있으며, 신고할 때 1회 납부하고 이후는 매년 1월에 납부한다.

사업자등록증 발급 받기

○ — 동네 빵집 주인은 개인사업자

사업자는 개인사업자와 법인사업자로 나뉘는데, 이 책을 읽는 독자들이 열 동네 빵집이라면 개인사업자로 등록하면 된다. 처음엔 사업자등록 절차가 어려운 듯하지만 필요한 서류만 꼼꼼하게 챙기면 발급받기는 쉽다. 사업자등록증은 가게가 위치한 관할 세무서에서 발급 받는다.

○ — 영업신고증 받자마자 사업자등록증 신청하자

원칙적으로는 사업 개시일로부터 20일 이내에 사업자등록을 신청하면 된다. 그러나 영업 준비 비용을 경비로 쉽게 처리하려면 사업자통장과 카드가 필요한데 이를 만들려면 사업자등록증이 있어야 한다. 그러니 최대한 빨리 발급 받는 게 좋다.

○ — 간단한 준비 서류와 신청 방법

신분증, 임대차 계약서 사본, 영업신고증, 사업자등록 신청서가 있으면 된다. 신청은 직접 세무서를 방문하는 방법과 국세청 홈택스(hometax.go.kr)를 통해 인터넷으로 접수하는 방법, 이렇게 두 가지이다. 개인사업자의 등록 비용은 무료이다.

➡ 관할 세무서 방문 신청 :

신분증, 임대차계약서 원본, 영업신고증을 가지고 관할 세무서 방문 후 사업자등록 신청서를 작성하여 함께 제출한다. 신청일로부터 3일 이내 발급되며 세무서를 방문하여 수령하면 된다.

➡ 홈택스를 통한 인터넷 신청 :

임대차계약서, 영업신고증을 컴퓨터에 파일로 저장해 둔다. 신분증 대신 공인인증서나 금융인증서 혹은 간편인증이 필요하다. 국세청 홈택스(www.hometax.go.kr)에 로그인하고 본인 인증을 한 뒤 절차에 따라 진행한다. 신청일로부터 3~4일 이내에 발급되며 세무서에 방문 수령해도 되고, 홈택스 로그인 후 [민원증명->사업자등록증명]을 통해 발급받아도 된다.

홈택스 사업자등록 신청 진행절차

상단의 신청/제출 → 사업자등록 신청/정정 → (개인)사업자등록 신청 → 인적사항 입력 → 다음 → 업종 입력/수정 → 업종코드 검색 → 등록 → 사업장 정보 입력 → 사업자 유형 선택 → 선택사항 → 저장 후 다음 → 제출서류 선택(임대차계약서와 영업신고증 입력) → 신청 완료

확정일자 받아야 할까?

확정일자란 내가 사업을 하는 건물에 문제가 생겼을 때 확정일자를 통해서 우선 변제권을 얻어 보증금을 지키는 역할을 합니다. 사업자등록을 한 사업자가 확정일자를 받아 두면 임차한 건물이 경매나 공매로 넘어가도 확정일자를 기준으로 보증금을 변제 받을 수 있는 힘이 생깁니다. 따라서 확정일자는 사업자등록과 동시에 신청해두면 좋습니다. 사업자등록 신청서, 임대차계약서 원본, 신분증, 사업장 도면을 지참하여 관할 세무서 민원봉사실에서 신청하면 확정일자를 받을 수 있습니다. 사업장 도면이 필수 제출 자료는 아니지만 가지고 있다면 일단 챙겨서 방문하기를 권합니다.

확정일자 신청 대상(상가건물 임대차보호법 적용 대상)

환산보증금(보증금 + 월세의 보증금 환산액)은 지역별로 아래와 같이 신청 가능합니다.

※ 월세의 보증금 환산액 = 월세×100

2019년 기준

지역	환산보증금
서울특별시	9억 원 이하
수도권정비계획법에 의한 수도권 중 과밀억제권역(서울 제외), 부산광역시	6억9천만 원 이하
광역시(수도권 과밀억제권역과 군지역 제외, 부산광역시 제외), 안산시, 용인시, 김포시, 광주시, 세종특별자치시, 파주시, 화성시	5억4천만 원 이하
기타 지역	3억7천만 원 이하

★ 월세 보증금+(월세 x 100) = 전세 환산 보증금

예) 보증금이 1,000만 원, 월세 120만 원인 경우

전세가는 1억3,000만 원이다.

보증금 1,000만 원+(120만 원×100)=1억3,000만 원

02

Banking, Insurance

은행 거래 및 보험 준비

Key: 개인인 나와 사업주인 나를 분리하라

사업을 시작한다면 개인인 나와 사업주인 나의 지출과 수입을 반드시 분리해야 한다. 그 첫 번째가 우선 사업자통장과 카드를 만드는 것이다. 사업을 운영하기 위해 들어가는 비용과 이를 통해 발생한 매출 관리를 위해서이다. 또한 사업주로서 사업장에서 생길 수 있는 사고에 대한 대비책도 마련해야 한다.

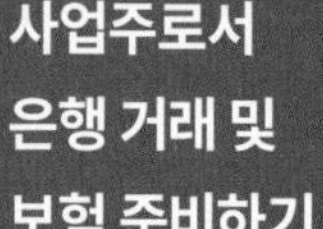

사업주로서 은행 거래 및 보험 준비하기

1

사업자통장 만들기

사업자등록증을 발급 받으면 사업자통장부터 개설한다. 영업의 매출과 매입, 세금 혜택은 물론 나중에 대출 유무에도 영향을 미치는 게 사업자통장 관리이다.

1.5

사업자카드 만들기

사업자카드는 사업에 필요한 것에만 써야 한다. 개인 용도로 쓰기 시작하면 매출과 매입을 관리하는 데 어려움이 생긴다. 결국 세금혜택을 받는 데에도 지장이 생긴다.

홈택스 카드 등록

개인사업자에게 홈택스는 자동 매출, 매입 기록장과 같다. 세금계산서를 주고 받고, 사업자카드로 물건을 사는 순간 모든 정보가 이곳에 남으므로 확인과 관리가 편해진다.

화재보험 들기

화재보험은 화재로 인한 피해만 보상하는 게 아니라 약관에 따라 영업 중에 생길 수 있는 사고나 분쟁도 보장받을 수 있다.

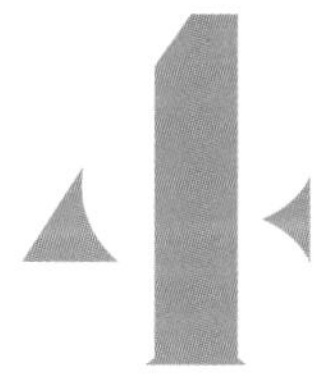

노란우산공제 가입하기

공제금은 폐업 시 사업주의 퇴직금이 되어주며, 채무가 있어도 보전되고, 연복리 이자로 목돈 마련에 유리하고, 납입금에 따라 세제 혜택과 대출도 가능하다. 어디에도 기댈 곳 없는 소상공인이라면 반드시 가입한다.

사업자통장 만들기

○ — 효율적 영업 관리를 위해 사업자통장은 필요하다

사업자등록증에 기재된 대표자 명의의 통장이 있다고 해도 효율적으로 영업 자금을 관리하려면 사업자통장을 따로 만드는 게 좋다. 매입과 매출 내역을 개인 계좌와 분리시켜야 세금 계산이나 매입(비용) 증빙 시 편리하기 때문이다. 또한 꾸준한 금융거래는 신용도를 높여 사업자 대출 시에도 유리하므로 주거래 은행을 정한다. 사업자통장은 사업자등록증이 있어야만 개설이 가능하다. 연매출이 1억5,000만 원 이상인 사업자는 관할 세무서에 사업자통장을 신고해야 하며 불이행시 가산세가 적용된다.

○ — 사업자통장은 사업에만 써야한다

사업자통장으로 들어오는 돈이 모두 자신의 돈이라고 생각해서는 안 된다. 1년차 초보사장들은 부가세, 종합소득세까지 생각할 여유가 없다. 사업자통장을 개인적인 거래에 사용하면 영업 자금 관리에 혼선이 생길 수 있다. 개인이 필요한 돈은 사업자통장에서 월급을 주는 형식으로 한 달에 한 번 일정 금액을 개인 통장으로 이체한다.

통장 개설 시 사업자카드 함께 만들기

○ — 사업자카드는 영업에 필요한 것을 구매할 때 사용한다

사업자통장과 마찬가지로 개인 카드와 분리해서 사용해야 한다. 사업자카드는 사업에 필요한 것을 매입할 때만 써야 한다. 사업과 관련이 없는 지출은 비용처리가 되지 않기 때문이다. 그래야 매출과 매입을 대조하여 사업 수익을 따져 보기에도 쉬워진다.

○ — 현금보다는 사업자 카드 위주로 사용한다

개인과 달리 사업자는 신용카드와 현금의 지출별 소득공제율이 같으니 굳이 현금을 사용하지 않아도 된다. 간혹 물품 구매 시에 부가세 없이 10%를 할인해주고, 현금영수증 발행 없이 현금 구매하라는 업체가 있을 수 있다. 이에 현혹되지 말고 사업자 카드로 결제해야 경비처리를 할 수 있다. 하지만 할인율이 20% 이상이라면 한 번쯤 생각해 볼 일이다.

사업자등록증이 나오기 전에 사용한 경비 처리는 어떻게 해야 할까?

빵집에서 사용할 기계장비는 미리 결정해야 하므로 사업자등록증이 나오기 전에 결제를 해야할 수도 있습니다. 기계장비뿐 아니라 기타 물품의 결제도 마찬가지입니다. 이럴 때는 우선 주민등록번호로 세금계산서를 발급 받은 뒤 나중에 경비로 처리하여 세금 공제를 받을 수 있습니다. 7월 20일 이전에 사업자등록을 한 경우라면 1월 1일~6월 30일, 1월 20일 이전에 사업자등록을 한 경우라면 전년도 7월 1일~12월 31일에 주민등록번호로 받은 세금계산서에 한해 공제가 가능합니다. 잊지 말고 세무사에게 사용 내역과 증빙자료를 전달하여 경비로 처리하고 세금 절약도 가능하니 꼭 챙기세요!

홈택스 가입하고 활용하기

○ — 홈택스에 사업자카드부터 등록한다

개인적으로 지출한 금액과 사업용으로 지출한 금액을 편리하게 구별하기 위해서는 사업자카드를 국세청 홈택스(hometax.go.kr)에 등록해두는 게 좋다. 부가세 신고를 할 때나 결산을 할 때 홈택스에서 자동으로 조회가 되어 편리하다. 조회된 내용 중 공제받을 것이 있는지, 수정해야 하는 것은 없는지 확인도 가능하다.

홈택스에 사업자카드 등록하는 순서

→ 홈택스 접속
→ 로그인
→ 상단의 [조회/발급]
→ 사업자용신용카드
→ 사업용신용카드 등록(개인신용정보의 동의서 동의 후 내용 기입)
→ 등록접수하기
→ 사업용신용카드 등록내역 [업자등록번호 선택
→ 사업용신용카드번호 및 휴대전화번호 입력]
→ 등록접수하기

※ 2주 정도 후에 등록이 완료되었는지 꼭 확인한다.

홈택스는 왜 알아야 하며 어떻게 활용하면 좋은가?

우리나라의 모든 국세 업무는 홈택스를 통해야 합니다. 참고로 지방세는 이텍스(etax.seoul.go.kr) 또는 위텍스(www.wetax.go.kr)를 이용하면 됩니다. 사업장의 매출이 적은 경우라면 대부분의 항목이 홈택스를 통해 조회가 되므로 매입·매출 자료를 언제든지 열람할 수 있고 직접 세금 신고도 할 수 있습니다. 세금 모의 계산, 세법 상담, 세금 납부, 타 소득 조회, 국세민원서류발급 등도 지원되므로 초보 사업자일지라도 어렵지 않게 홈택스를 이용할 수 있습니다.

화재보험 가입하기

○ — 나의 영업장에 해당하는 화재보험 종류를 알자

화재보험의 종류는 4가지로 나뉜다.

1 주택화재보험: 주택으로만 사용하는 건물에 대해 보장한다.

2 공장화재보험: 공장 건물이나 공장의 수용 동산에 대해 보장한다.

3 일반화재보험: 주택이나 공장에 포함되지 않는 일반 건물과 수용 동산에 대해 보장한다.

4 기타화재보험: 숙박업소, 주유소, 물류창고, 장례식장, 도서관, 터미널 등 다중 이용 시설에 대해 보장한다. 이 보험은 국가가 가입을 강제한다.

일반 건물에 빵집을 오픈한다면 일반화재보험에 가입하면 된다. 건물주가 건물 전체에 대한 화재보험에 가입 중이라고 해도 내 가게에서 일어난 화재는 나에게 책임이 있으므로 따로 가입을 하는 게 좋다. 화재가 일어나면 타인은 물론이며 본인에게도 신체적, 금전적 등의 피해가 발생할 수 있기 때문이다.

○ — 특약 사항을 꼼꼼히 살펴본다

빵집은 화재에 대한 위험률이 낮은 편이지만 화재보험은 화재에 대해서만 보장을 해주는 게 아니라 특약 사항에 따라 손님과의 분쟁에 관해서도 보장받을 수 있다. 가입할 보험의 특약 사항을 잘 따져보자.

○ — 보험료는 얼마가 적당한가

보험의 종류에 따라 일반화재보험과 장기화재보험으로 나뉜다. 일반화재보험은 매달 2~5만원 정도로 보험료가 저렴하지만 보험 기간이 1년으로, 매년 갱신해야 한다. 장기화재보험은 최소 3년, 최대 15년까지 보험기간을 설정할 수 있지만 초기 보험료가 높게 책정된다. 화재에 취약한 자재로 지어진 건물일수록 보험료가 비싸고 특약 사항에 따라 차이가 생긴다.

노란우산공제 가입하기

○ — 묻지도 따지지도 말고 가입하자

근로자는 퇴직이나 퇴임을 하면 퇴직금을 받을 수 있지만 사업자는 퇴직금이 없다. 노란우산공제는 소상공인들의 안정적 수입기반이나 사업주의 퇴직금을 마련해주기 위해 중소기업중앙회에서 운

영하는 제도이다. 매달 일정한 금액을 내지만 적금과 달리 만기라는 개념은 없다. 압류할 수 없는 자금이므로 안전망 역할을 하며 미래를 대비한 목돈 마련, 무엇보다 소득공제 금액이 커서 세제 혜택을 받을 수 있다. 중도해지 하지 않고 폐업 전까지 꾸준히 유지한다면 소상공인에게는 무조건 이익이니 묻지도 따지지도 말고 가입하자.

가입 자격 범위가 넓고 방법도 쉽다

소기업이나 소상공인에 포함되는 개인사업자, 법인 대표라면 누구나 가입할 수 있다. 소기업과 소상공인 범위는 업종에 따라 다르나 3년 평균 매출이 10억원~120억원 이하가 기준이다. 다만 유흥주점이나 의료행위가 아닌 안마업 등은 가입조건에서 제외된다.

전국 13개 은행을 포함한 지점, 우정사업본부, 새마을금고중앙회, 수협중앙회, 중소기업중앙회, 노란우산공제 홈페이지(www.8899.or.kr)를 통해 가입할 수 있다. 가입할 때는 청약서와 사업자등록증 사본, 법인등기부등본(법인의 경우), 매출액을 확인할 수 있는 재무제표 또는 부가세과세표준증명원을 준비한다.

• 사업자에 따라 추가 서류가 필요할 수 있으니 가입 상담은 1666-9988로 문의한다.

○ — 가입 금액은 자유지만, 세제 혜택 범위는 있다

월납 기준 5만~100만 원 사이 중 1만 원 단위로 설정할 수 있다. 중간 증액과 감액 모두 가능한데, 증액은 자유롭게 할 수 있고, 감액은 3회 이상 납부한 후에만 신청할 수 있다. 납입 방식은 월납과 분기납으로 가능하며 가입자 명의의 지정 예금 계좌에서 자동이체로만 납부할 수 있다.

노란우산공제의 가장 큰 혜택은 종합소득세 절세이다. 소득세를 신고하는 해를 기준으로 전년도까지 납입한 금액의 한도만큼 공제를 받을 수 있다. 연간 최대 500만 원까지 소득공제 혜택이 주어지므로 세 부담이 높은 소상공인은 큰 효과를 볼 수 있다.

연간 사업소득금액	연간 최대 소득공제한도
1억 원 초과	200만 원
4천만 원 초과 1억 원 이하	300만 원
4천만 원 이하	500만 원

○ — 복리 이자로 목돈 마련에 유리하고, 여러 종류의 사업자 대출도 가능하다

별도의 사업비 차감 없이 납입한 전액에 대해 이자가 연 단위 복리로 적립되므로 목돈을 마련하기 좋고, 장기 가입할수록 이득이다. 또한 납입 기간이 12개월 이상인 경우 임의해약환급금의 90% 내에서 3.9% 이자로 대출을 받을 수 있다. 대출 기간은 1년이며 연장도 가능하기 때문에 어려운 일이 닥쳤을 때 유용하게 활용할 수 있다.

• 대출이자는 2023년 11월 기준이다.

○ — 납입 금액은 국가가 법적으로 보호해준다

사업자들은 한치 앞을 내다볼 수 없는 게 현실이다. 사업이 번창하다가도 혹시 모를 위험한 상황에 처할 수 있다. 소상공인들에게 '노란우산'이 되어준다는 이름에 걸맞게 이미 납입한 적금액 만큼은 법적으로 압류가 금지돼 있는 자산이라 어떤 상황에서도 보전된다.

insuring clause

생각보다 다양한 혜택이 있다

중소기업중앙회가 보험료를 부담하는, 무료 상해보험에 가입하면 가입 후 2년 이내 가입자의 상해사망 및 상해후유장해 발생 시 월 납입액의 최고 150배까지 상해보험금이 지급된다. 이 외에도 노란우산공제 홈페이지의 [복지플러스]를 통해 소상공인 교육, 건강 의료, 문화 등 프로모션 혜택을 받을 수 있다.

중도 해지에 따른 불이익은 있다

만기의 개념은 없으나 공제금과 해약환급금이 있다. 사업자가 폐업이나 사망 등의 이유로 어쩔 수 없이 해지하면 그동안 납입한 금액에 이자를 더한 금액, 즉 공제금을 받을 수 있다. 하지만 사유 없이 해지하면 불이익이 발생한다. 7회 이상 납입 시부터는 원금에 손실 없이 해지가 가능하나 해약환급금은 기타소득으로 보아 소득세 16.5%를 원천징수하고, 가입 기간 중 소득공제를 받은 금액에 대해서는 과세대상소득에서 제외시킨다. 다시 말해, 해약환급금에서 가입 기간 중 공제 받은 금액을 뺀 나머지는 과세대상소득이라는 얘기다. 따라서 과세대상소득에 소득세 16.5%를 적용해서 세금을 납부해야 한다.

03

Checking & Real Estate

임대 매물 검수하고 계약하기

Key: 반드시 건축물대장부터 확인한다

빵집을 열 수 있는 자리는 생각보다 여러 가지의 조건을 충족해야 한다. 반드시 계약 전에 상하수도, 정화조, 전기 증설 유무, 환기 조건 등과 관련된 검수를 마쳐야 한다. 이중 무엇 하나라도 맞지 않는다면 그 자리에는 빵집을 열지 않는 게 맞다.

부동산 계약 시 알아두면 이로운 것

신축이나 리모델링 빌딩의 장점

권리금이 없고, 렌트 프리를 해줄 확률이 높다. 다만 월세가 비싼 경우가 많다. 초보 건물주라면 중개인에게 월세 시세에 대해 조언을 구하는 편이니 임차인으로서 중개인과의 관계를 잘 만들어 놓으면 원하는 월세에 가게를 임차할 수 있다.

철거 시 비용 처리는 어떻게 하나

인테리어 철거는 비용이 꽤 많이 들기 때문에 부담이 크다. 기존에 빵집을 운영하던 자리이고 인테리어도 깔끔하게 잘 돼 있는 매물이라면 고민할 필요가 없지만 그런 경우는 극히 드물다. 원칙적으로 기존 세입자(기존 가게의 주인)가 원상복구(철거)를 하는 게 맞으나 건물주가 그 부분까지 정리해주는 경우는 거의 없다. 그래서 대부분의 철거는 새로 들어오는 사람에게 떠넘기기 일쑤이다. 부동산 중개인을 내편으로 만들면 철거에 대한 조건 또한 유리하게 제시해 볼 수 있다. 예를 들면, 내가 철거비를 낼테니 권리금을 줄여달라는 방법 등이 있다. 이런 혜택을 생각하면 역시 중개수수료는 깎지 않는 게 낫다.

빵집을 열기에 알맞은 가게 자리 체크 리스트

- ☐ 내가 짠 예산에 부합하는가.
- ☐ 빵집을 열 수 있는 현실적 조건에 맞는가. 정화조, 전기 시설, 급수, 배수, 환기 등에 대한 조건을 84쪽에서 자세히 알아보자.
- ☐ 집과 가까운가.
- ☐ 유동인구가 많고 유속이 느린가.
- ☐ 건물주가 같은 건물에 살지는 않는가. 심지어 멀리 산다면 금상첨화!
- ☐ 주변 시세와 비교하여 월세와 권리금이 적절한가.
- ☐ 건물주의 나이가 50대 이하인가(70대를 넘지 않는 게 좋다). 하자 보수 등을 요청할 때 신속히 처리해줄 수 있는 연령대가 좋다.

빵집 자리 필수 점검 방법과 항목

가계약하여 사전 점검 시간을 번다

마음에 드는 곳이 있다면 부동산에 가계약금(대략 100만원 정도)을 걸고, 내가 원하는 기계장비의 크기를 기준으로 실측을 해봐야 한다는 명목 하에 2일 정도 시간을 번다. 이때 가계약금은 돌려받는 조건으로 이야기하자.

영업이 가능한 장소인지 확인하기

제과점 영업을 할 수 있는 장소(영업허가를 내어주는 장소)는 제1종 또는 제2종 근린생활시설이다. 영업신고는 단순히 '신고'하는 것이 아니라 일정한 요건을 갖추어 영업 '허가'를 받는 과정이라고 할 수 있다.

건축물대장 확인하기

빵집을 열 수 있는 자리인지 검수할 때 가장 먼저 건축물대장을 확인한다. 건축물대장상 위반건축물이 확인되면 영업신고 시 허가가 거부될 수 있기 때문이다. 영업신고에 대한 자세한 사항은 56쪽을 참고한다.

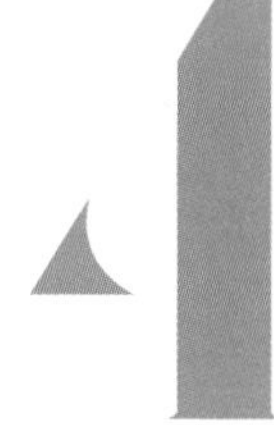

출입문 사이즈 측정하기

냉장고를 비롯해 기계장비가 들어가려면 출입구의 가로 폭이 최소 90cm는 돼야 한다. 출입구가 있는 전면의 인테리어를 바꾸지 않고 그대로 사용할 예정이라면 출입구의 크기는 반드시 확인한다. 부동산 중개인과 가게 자리를 보러 다닐 때 확인해도 되니 이때 줄자 하나 정도는 챙겨 다니는 게 좋다.

하수와 정화조 확인하기

빵집을 열 수 있는 조건에 맞는 하수와 정화조 시설이 갖춰져 있어야 한다. 영업할 건축물에서 발생하는 오폐수가 하수도로 유입되는 지역이 아니라면 해당 건축물에 설치된 정화조 용량이 조건에 맞게 충분해야 한다. 간혹 조건에 맞지 않으면 계약 후에 정화조를 만들어야 할 수도 있다. 이는 배보다 배꼽이 더 커지는 상황이니 이런 경우가 발생하지 않도록 미리 확인해야 한다.

관할 구청 위생과에 전화를 걸어 가게 자리의 주소를 정확히 공유하고 제과점으로 영업허가를 받으려고 하는데, 하수와 정화조 시설이 빵집을 할 수 있는 조건에 맞는지, 영업이 가능한지 반드시 문의하여 확인한다. 오래된 건물일수록 꼭 확인해야 한다.

급수와 배수 확인하기

부동산 중개인과 가게 자리를 보러 다닐 때 1순위로 확인해야 하는 부분이 급배수 시설이다. 그 자리에서 확인을 못했다면 가계약 후에라도 급배수 시설은 꼭 확인한다. 수도관은 있지만 물이 안 나오는 경우도 있고, 물은 나오지만 기존에 영업하던 곳이 배수구를 막아 두었거나, 오래 사용하지 않아 배수구가 막혔을 수도 있다. 물은 잘 나오는지, 수압은 좋은지, 물이 잘 빠지는지 등 급수와 배수 시설을 꼼꼼하게 확인한다.

환기 조건 확인하기

빵집을 운영하는 데 있어 급기(공기를 공급하는)와 배기(공기를 배출하는) 장치는 무조건 필요하다. 대부분 배기에만 신경 쓰고 급기에는 그다지 신경 쓰지 않는다. 빵을 구울 때 나오는 열기와 바깥의 공기 교환이 수월하지 않으면, 즉 배기만 되고 급기가 안 되면 실내 공기의 질이 나빠지고 열기로 가득 차게 된다. 우리가 가정에서 환기를 시킬 때 한쪽 창만 열어두는 것보다 마주보는 창을 같이 열어 두면 공기 순환이 훨씬 빠른 것과 같다. 깔끔한 인테리어의 가게에 들어갔을 때 하수구 냄새를 맡은 적이 있는가? 이 또한 배기만 너무 잘 이루어져 하수구 냄새까지 되려 빨아들이는 현상이 발생했기 때문에 생긴 문제일 수 있다.

창문이나 뒷문, 혹은 옆문이 있어서 자연 급기가 되는 곳이 가장 좋다. 하지만 1층 상가에는 대체로 창문이 없고 간혹 창을 막기도 하므로 급기와 배기가 수월한 구조인지 미리 확인한다.

배기 시설은 원칙적으로 옥상까지 설치하는 게 맞지만 가능하면 가게의 앞이나 옆으로 향하게 설치하여 빵 굽는 냄새가 거리로 퍼질 수 있게 한다. 고소한 빵 냄새로 지나가는 사람들의 발길을 붙잡기 위함이다. 하지만 앞쪽에는 여유 공간이 없고, 옆쪽에는 옆집의 창이 있어서 민원의 요소가 될 경우에는 덕트를 설치해서 옥상으로 배기를 하는 수밖에 없다.

전기 및 전선 증설 여부 확인하기

데크오븐, 컨벡션오븐, 반죽기 등 대부분의 제빵기기는 많은 양의 전기를 사용하기 때문에 빵집은 다른 업종에 비해 전기 사용량이 많다. 안전한 전기 사용을 위해서는 전기 및 전선의 증설이 필요하다. 자세한 내용은 90쪽을 확인한다.

상가임대차소방필증과 소방시설완비증명서 발급 여부 확인하기

관할 구청 위생과에 주소지와 업종(제과점)을 공유한 후 상가임대차소방필증과 소방시설완비증명서를 받아야 하는 지 반드시 확인한다. 상가임대차 계약 업종 중에서 불특정다수인이 이용하는 다중이용업소에 해당되면 화재나 재난이 발생했을 때 여러가지 피해가 우려되므로 이용객의 대피, 피난 및 화재 진압, 연소, 확대 방지 등을 위해 영업 인허가 전에 소방시설을 완비해야 한다. 제과점은 이에 해당하는 업종으로 바닥 면적의 합이 지상의 경우 100m^2 이상, 지하의 경우 66m^2 이상일 때는 반드시 상가임대차소방필증과 소방시설완비증명서를 발급받아야 한다. 단, 주 출입구가 건물 외부의 지면과 직접 연결된 곳과 피난층에 면한 곳은 제외된다. 이러한 증명서를 발급 받기 위해 다른 설비를 추가로 해야 한다면 그 가게 자리는 포기하는 게 나을 수 있다.

덕트 설치 시 많이 하는 실수가 있다!

빵집 실내의 공기 질을 높이려면 급기와 배기가 모두 잘 되어야 합니다. 보통 배기만 신경쓰고 급기의 필요성을 아예 모르는 경우가 대부분이죠. 배기만 잘 된다면 실내의 공기가 밖으로 제대로 빠지질 못하기 때문에 오히려 하수구를 통해 악취가 빨려 올라올 수 있습니다.

덕트 설치가 어려운 공간이라면

우선은 '자연급기'가 될 수 있는 환경을 만드는 게 좋습니다. 바로 '환기그릴'을 벽에 설치하는 것입니다. 보통 출입문 근처에 많이 합니다. 혹 주방에 창이 있다면 그 창에 함석판을 덧붙이고, 구멍을 뚫어 환기 팬을 설치해도 됩니다. 이때 팬 아래에 타공을 하여 주방에서 발생하는 열기와 증기가 배출되도록 해야 합니다.

빵집에 필요한 전력 계산하고 증설하기

내가 사용할 기계장비에 필요한 전력을 계산한다

내가 사용할 기계장비의 스펙부터 확인하자. 모든 기계장비의 전력(kw)을 더한 다음 그의 40%에 해당하는 전기를 증설한다. 예를 들어, 모든 기계장비의 합이 60kw 라면 24kw의 전기를 증설하면 된다. 얼마만큼의 전력을 증설해야 하는가와 증설 여부는 내가 계약할 가게의 주소를 한국전력에 공유하고 문의하면 쉽게 알 수 있다. 전기실이 따로 있는 큰 건물일 때는 관리실에 연락하여 확인한다.

아래는 24kw의 전기를 증설해야 하는 경우를 조건으로 정리했다.

전기 증설 유무와 증량 전력을 파악한다

- 전 세입자가 10kw를 증설해 놓은 상태라면 나는 14kw만 증설하면 된다.
- 전 세입자가 이미 24kw 이상 증설을 해놓았다면 증설하지 않아도 된다.

3

대형 건물이라도 전력 상황 파악은 필수

전기실이 따로 있는 큰 건물이라면 자체적으로 한국전력과 계약하여 전기를 사용한다. 예를 들어, 그 건물 전체에서 사용할 수 있는 전력이 200kw인데, 내가 계약한 가게를 제외한 다른 가게나 사무실에서 사용하는 전력의 합이 120kw인 경우, 남는 전력(내가 사용할 수 있는 전력)이 80kw이므로 따로 전기를 증설하지 않아도 된다. 단, 남는 전력이 24kw 이하라면 그 건물에는 들어갈 수 없다. 큰 건물의 경우 내가 단독으로 전기를 증설할 수 없기 때문이다.

4

전기 증설 방법과 비용

전기 증설 여부는 한국전력(국번없이 123)에 문의하면 된다. 해당 가게의 주소지를 알린 뒤 빵집을 할 예정이며 필요한 전력의 용량(kw)을 이야기한다. 그리고 증설해야 하는 전력의 용량이 얼마이고 전기 증설에 따른 비용(한전 불입금)은 얼마나 필요한지 반드시 확인한다. 전기 증설에 따른 비용은 증설 용량과 공중공급이냐 지중공급이냐, 전력을 공급받을 거리는 어느 정도인가에 따라 다르며 한국전력에 1회 지불 하면 된다. 증설 신청은 자격증이 있는 전기설비 업체를 통해서 가능하며, 시설은 한국전력에서 한다. 시설 비용은 아래의 표와 같다.

2023년 11월 기준

구분	내용	공중공급(저압)	지중공급
기본 시설 부담금	증설 5kw 초과 1kw당	121,000원	140,800원
거리 시설 부담금	기본 거리 초과 1m	52,800원	82,500원

· 기본 시설은 증설 5kw까지 부담금 없음.

· 기본 거리는 공중 공급은 200m까지, 지중 공급은 50m까지 부담금 없음.

· 시설 부담금은 부가세 미포함 금액임.

★ 15kw 증설(공중 거리 20m) 시 한전 불입금은?

(15kw x 공중공급 121,000)원 + (20m x 0(기본거리)) = 1,815,000원

5 전기를 증설하면 전선도 확인해야 한다

전기만 증설해서는 안전하지 않다. 전력(kw)이 높아지면 계량기에서 분전함으로 들어오는 메인 전선도 증설한 전력을 감당할 수 있는 굵은 것으로 교체해야 안전하다. 내가 사용할 모든 기계장비 전력의 합의 50% 정도(예를 들어, 기계장비의 합이 60kw라면 30kw)를 감당할 수 있는 굵은 전선으로 교체하는 게 좋고, 혹시 기계를 더 늘릴 예정이라면 60%까지 감당할 수 있는 것으로 교체한다. 현재의 기계장비에 딱 맞는 전선을 설치해 놓으면 나중에 기계장비가 추가됐을 때 또 다시 전선을 교체해야 하는 일이 발생하기 때문이다.

전기 증설에 따른 안전관리자 선임 유무 파악하기

한 건물에서 사용하는 총 전력이 75kw가 넘으면 반드시 안전관리자를 선임해야 한다. 내가 임대하고자 하는 건물에서 이미 75kw 이상의 전력을 사용하고 있다면 해당 건물에는 안전관리자가 선임돼 있을 가능성이 높다. 하지만 내가 증설하는 전력으로 인해 해당 건물의 전력이 75kw를 초과하는 경우라면 새로 안전관리자를 선임해야 한다. 전기 증설에 대해 한국전력에 문의할 때 안전관리자의 선임 유무에 대해서도 함께 문의하는 게 좋다.

안전관리자에게는 매달 일정한 관리비를 지불해야 한다. 안전관리자에게 지불하는 돈은 건물주가 주는 게 원칙이지만 건물주 입장에서는 내가 전기를 증설함에 따라 안전관리자가 선임되었기 때문에 지불하지 않으려고 한다. 그러므로 안전관리자를 선임하고 비용을 부담하면서까지 그 건물에 들어갈지 말지는 나의 선택이다. 월세가 주변 시세에 비해 저렴하다면 본인이 안전관리자를 선임하는 부담이 적을 수 있지만, 월세가 비싸다면 추가되는 비용이 부담되는 게 현실이다. 이는 본인이 판단해서 결정한다.

04

Tax Info

세무 이해하기

Key: 세금에 관해 잘 알아야 혜택도 잘 받을 수 있다.

영업 초기에는 나중에 부과될 세금에 대해서는 신경 쓰지 못하게 마련이다. 하지만 자신이 내야할 세금액 때문에 깜짝 놀라 당황할 일이 반드시 생기고야 만다. 세금 혜택을 잘 받으려면 사업 초기부터 경비에 관한 자료를 꼼꼼하게 챙길 줄 알아야 한다.

일반과세자와 간이과세자 알기

일반과세자

연간 매출액이 8천만 원 이상으로 예상되거나 간이과세가 배제되는 업종 또는 지역에서 사업을 하는 사업자를 말한다. 일반과세자는 부가가치세를 계산할 때 10%의 세율을 적용 받는다. 7월과 다음해 1월은 확정신고 기간이다. 6개월 동안의 매출을 기준으로 예정신고분(4월, 10월)을 포함하여 상계처리한다. 납부는 총 4회 한다.

간이과세자

연간 매출액이 8천만 원 미만인 개인사업자를 말한다. 간이과세자는 부가가치세를 계산할 때 업종별 부가가치율에 따라 1.5~4%의 낮은 세율을 적용받는다. 신고는 일반과세자와 달리 연 1회 하는데, 다음해 1월에 확정신고(예정신고 상계처리)를 하고, 1월과 7월에 납부한다.

○ — 나는 어떤 유형의 과세자인가?

1년 동안의 매출이 8천만 원 미만으로 예상된다면 간이과세자로 등록하는 것이 사업자에게 유리하다. 하지만 간이과세자로 등록하더라도 연 매출이 8천만 원을 넘으면 일반과세자로 자동 전환된다. 이때 간이과세사업자에서 일반과세사업자로 전환되는 시점에서 자산과 재고에 대하여 10% 공제를 받지 못했던 매입세액에 대하여 재고매입세액공제를 해준다. 그러니 간이과세자여도 매입할 때 꼭 세금계산서를 받아야 한다. 간이과세자는 세금 부담이 적은 만큼 매입 금액의 일부만 세금 공제를 받을 수 있고, 세금계산서 발행이 어려울 수 있다. 사업의 특성에 따라 자신에게 어떤 게 더 유리할지 충분히 고려하여 선택한다.

○ — 부가가치세(부가세)는 무엇인가?

흔히 부가세라고 하는 부가가치세는 상품의 거래나 서비스를 제공하는 과정에서 얻어지는 부가가치(이윤)에 대해 과세하는 것으로, 소비세의 일종이다. 부가가치세는 내가 판매하는 물건값에 포함되어 있으므로 실제로는 소비자가 부담하지만 실제로 부가세를 납부하는 주체는 사업자인 내가 되는 것이다. 부가세는 간접세에 포함된다.

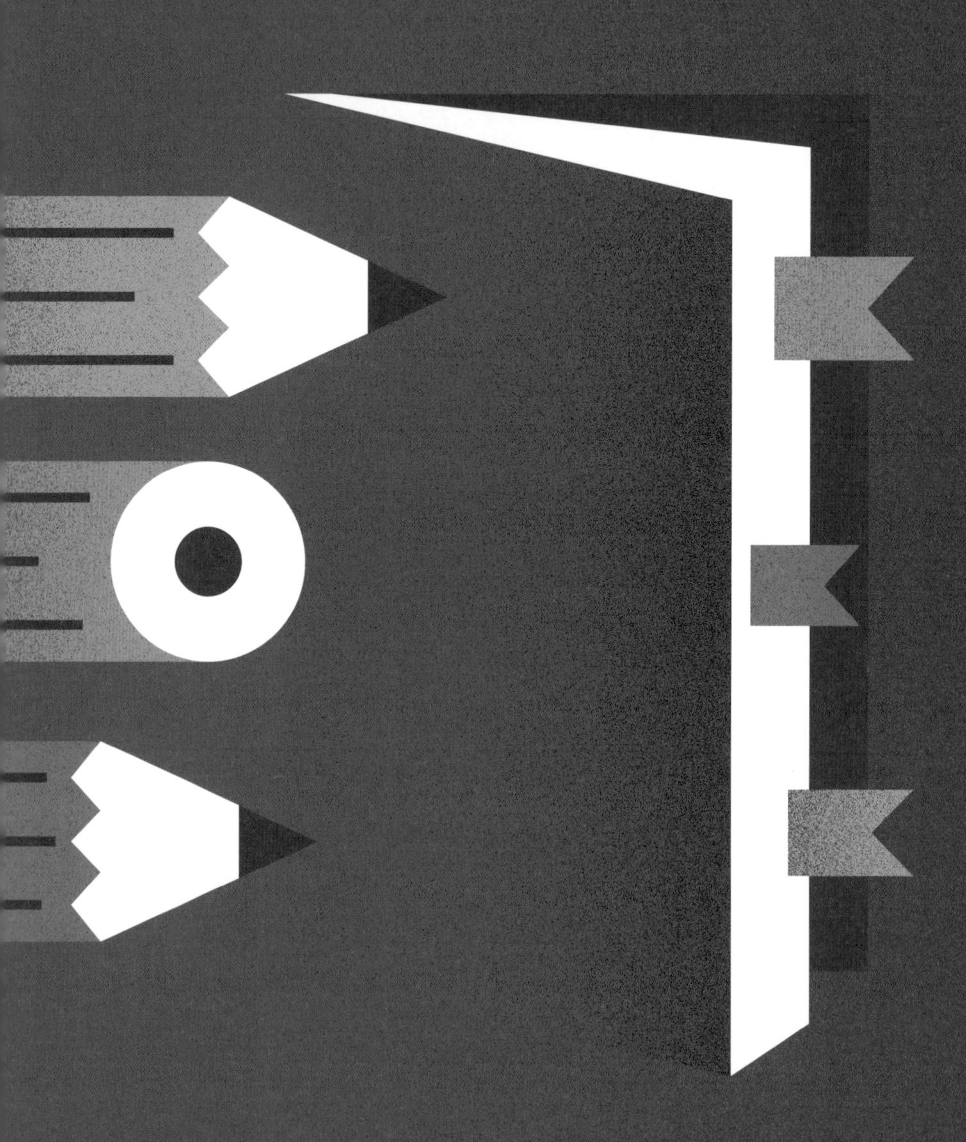

과세 유형에 따른 납부 세액 계산법과 사례

일반과세자(개인사업자)	
부가가치세 계산법	매출 세액 - 매입 세액 - 경감·공제 세액 = 납부 세액
확정신고 기간	1기 : 7월 1일~25일 2기 : 다음해 1월 1일~25일
납부 기간	4월, 7월, 10월, 다음해 1월

간이과세자	
부가가치세 계산법	(매출액 X 업종별 부가가치율 X 10%) - 공제 세액 = 납부 세액
확정신고 기간	다음해 1월 1일~25일
납부 기간	다음해 1월, 7월

- 매출 세액 = 매출액(공급가액)의 10%,
- 매입 세액 = 매입액(수급가액)의 10%
- 납부는 해당 월 초에 고지 받고 25일까지 납부한다.

예) 일반과세자 개인사업자일 때, 매출액이 1억원, 매입액이 2,000만원, 경감·공제 세액이 80만원이면 내야하는 부가가치세는 720만원이다.
매입액이나 경감·공제 세액이 적으면 그만큼 부가가치세를 더 내야하므로 매입액과 공제 세액이 증빙되는 자료를 빠짐없이 잘 챙겨야 한다.

사업자라면 대비해야 하는 종합소득세

○ — 1년간 발생한 소득에 대한 세금

소득세는 개인에게 1년간 발생한 소득에 대해 신고 및 납부하는 것인데, 우리나라는 세법상 이자소득, 배당소득, 사업소득(부동산 임대 포함), 근로소득, 연금소득, 기타소득, 퇴직소득, 양도소득 이렇게 8가지 소득에 대해 소득세를 부과한다. 이중 퇴직소득과 양도소득을 제외한 6가지 소득을 종합해서 과세하는 세금을 '종합소득세'라고 한다.

종합소득세 신고 및 납부 기간은 매해 5월 1일~31일이다. 성실신고확인서(세금 신고 기간 전에 세무사에게 신고 내용을 확인한 후 받는 증서)를 제출하면 6월 30일까지 1달의 기한이 더 주어진다. 성실신고는 의무는 아니나 매출액이 7억5천 이상이면 반드시 해야 한다.

○ — 종합소득세 계산법과 세율 알기

□ 계산법

종합소득금액 = 매출액 - 필요경비

과세표준 = 종합소득금액 - 소득공제

세액산출 = 과세표준 세율

* 매출액은 이자소득, 배당소득, 사업소득, 근로소득, 연금소득, 기타소득을 합한 금액

종합소득금액이 8천만 원이고, 소득공제가 350만원인 경우 종합소득세는?

A는 혼자서 대표로 자신의 빵집을 운영한다. 종합소득금액이 8천만 원이고, 소득공제는 350만원이다.

종합소득금액 8,000만 원 - 소득공제 350만 원 = 7,650만 원으로, 과세표준에 따라 세율은 24%, 누진공제는 522만 원이 적용된다.

과세표준액 76,500,000원 × 세율 24% - 누진공제 5,220,000원 = 13,140,000원.

여기에 지방세 10%(1,310,000원)를 더한 금액 14,454,000이 종합소득세이다.

A빵집의 종합소득세는 14,454,000원이다.

☐ 세율

과세표준	세율	누진공제
1,200만 원 이하	6%	-
1,200만 원 초과~4,600만 원 이하	15%	108만 원
4,600만 원 초과~8,800만 원 이하	24%	522만 원
8,800만 원 초과~1억5,000만 원 이하	35%	1천490만 원
1억5,000만 원 초과~3억 원 이하	38%	1천940만 원
3억 원 초과~5억 원 미하	40%	2천540만 원
5억 원 초과~10억 원 이하	42%	3천540만 원
10억 원 초과 45%	45%	6천540만 원

대표자가 두 명이면 세금은 줄어든다.

A와 B는 공동 대표로 AB빵집을 운영한다. 종합소득은 8천만 원(공동대표이므로 종합소득금액은 각각 4천만 원씩)이고, 소득공제액은 A와 B 각각 350만원씩으로 동일하다. A의 소득금액 4,000만 원 – 소득공제 350만원 = 3,650만 원으로, 과세표준에 따라 세율은 15%, 누진공제는 108만원이 적용된다.

과세표준액 36,500,000원 × 세율 15% - 누진공제 1,080,000원 = 4,395,000원

여기에 지방세 10%(439,500원)를 더한 금액 4,834,500이 A의 종합소득세이다.

B의 종합소득금액과 소득공제액은 A와 같으므로 B의 종합소득세도 4,834,500이다.

AB빵집의 종합소득세는 A의 종합소득세와 B의 종합소득세를 합친 9,669,000원이다.

대표자가 1명일 때 종합소득세는 14,454,000원

대표자가 2명일 때 종합소득세는 9,669,000원

부부가 공동대표로 빵집을 운영하면 종합소득세를 줄일 수 있다.

세금계산서는 꼭 챙기자!

지출 금액이 큰 기계장비를 구입할 때 '세금계산서 발행 없이 결제하면 깎아준다'는 말에 현금 결제하는 경우가 종종 있습니다. 하지만 나에게는 매입으로 잡히지 않기 때문에 할인 받은 금액보다 더 많은 액수를 세금으로 내야할 수도 있습니다. 되도록이면 세금계산서를 주고 받으며 거래하세요.

똑똑하게 절세하는 방법!

- ☐ 사업을 위해 지출한 경비의 증빙 자료(카드 결제, 지출 증빙, 세금계산서 등)를 잘 챙겨야 합니다.
- ☐ 공과금 및 휴대폰, 매장 전화, 인터넷 등을 사업자 용으로 등록해야 합니다.
- ☐ 임대료의 경우 건물주가 세금계산서 발행이 어렵다고 한다면 세무사에게 주기적으로 임대료가 빠져나간 통장 내역을 알려줘야 합니다.

공동대표가 직장인이면 세율을 따져보자

직장인의 수입은 종합소득세의 합산 대상이기 때문에 합산 신고하는 것은 상관 없습니다. 그러나 합산금액이 크면 과세표준이 늘어나기 때문에 높은 세율을 적용 받을 수 있습니다. 소득금액이 많을수록 세율이 올라가니 세금이 늘어날 수 있음을 기억하세요.

세금은 되도록 현금으로 내자

대체로 납부서에 계좌번호가 생성되어 있기 때문에 계좌이체로 세금을 납부할 수 있습니다. 카드 납부도 가능하지만 납부대행수수료가 붙기 때문에 되도록 현금으로 납부하길 권합니다.

05

Branding

가게의 브랜드 이미지 만들기

Key: 최소한이자 최선의 마케팅 수단이 브랜딩이다.

브랜딩은 가게의 이미지와 방향성을 다양한 방법으로 시각화 하는 작업이다. 작은 가게가 할 수 있는 최선의 홍보 및 마케팅 방법이기도 하므로 브랜딩 작업은 매우 중요하다.

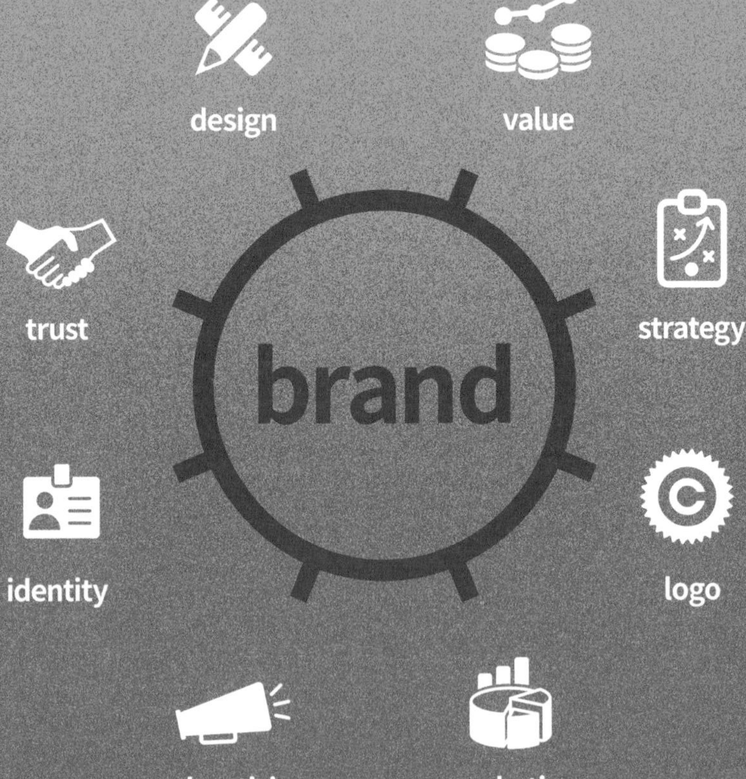
design
value
trust
strategy
brand
identity
logo
advertising
marketing

브랜딩 예산과 일의 범주

○ — 적은 비용일지라도 예산 항목에 꼭 포함시킨다

브랜딩은 무엇을 얼마나 어떻게 하느냐에 따라 비용이 천차만별이다. 브랜딩 전문 업체에 의뢰하면 좋은 결과물이 나올 확률이 높지만 2천~3천만 원 정도의 비용이 든다. 작은 동네 빵집 브랜딩에 그만한 비용을 지출할 필요는 없다. 게다가 창업 초기에는 생각지도 못한 지출이 생길 확률이 높다. 부동산, 인테리어, 기계장비, 재료 등 우선 지출해야 하는 항목의 예산을 정한 다음 브랜딩 비용을 정해본다. 예산이 정해지면 브랜드 컨설팅 받을 범주도 정할 수 있다.

○ — 브랜딩 우선 순위

우리 가게의 이미지를 상징하는 로고 디자인이 최우선이다. 로고만 만들 것인가, 간판, 명함, 스티커, 포장지 등까지 통일된 브랜딩 작업을 할 것인가를 예산에 맞춰 고려한다. 되도록이면 로고를 활용한 어플리케이션 즉, 간판, 명함, 포장 시 필요한 스티커와 스탬프 등을 가게 성격에 맞게 확정하여 디자인하는 게 좋다. 디자인 비용은 최소 50만원부터이며 상한선은 없다. 유니폼 혹은 유니폼을 대신할 앞치마, 포장에 필요한 비닐봉투, 종이 봉투, 쇼핑백 등의 구입 비용도 브랜딩 예산에 포함시킨다.

○ — 디자이너 섭외 전에 내가 먼저 생각하라

내가 운영할 동네 빵집의 이미지를 머릿속으로 먼저 그려본다. 그리고 그와 비슷한 느낌을 가진 가게의 사진이나 소품 및 제품 디자인 시안 등을 검색해본다. 이때에는 원하는 인테리어와 가게의 전체적인 느낌, 어떤 빵을 어떻게 판매할지 등에 대한 것까지 폭넓게 고려해봐야 한다. 자신이 원하는 방향의 가게 이미지를 표현할 수 있는 다양한 자료를 준비해서 디자이너를 만나는 게 좋다. 이때 중구난방 예쁜 것을 모으지 말고, 뚜렷하고 통일된 이미지 자료를 찾아서 보여주는 게 중요하다. 이미지는 핀터레스트나 여러 포털 사이트, 인스타그램 같은 SNS 채널을 통해 키워드로 검색하며 자료를 모을 수 있다. 다시 한번 정리하자면,

- ☐ 통일된 로고 및 인테리어 시안 찾기
- ☐ 빵집에 대한 나의 철학 정리해보기
- ☐ 디자인(브랜딩)을 의뢰할 목록 정하기. 로고, 스티커, 스탬프, 명함, 전면 사인물, 네임 태그 등으로 이 부분은 예산에 따라 더하거나 뺀다.

○ — 지속적으로 함께할 수 있는 디자이너를 섭외한다

디자이너를 물색할 때는 '크몽'이나 '숨고' 같은 비즈니스 전문 프리랜서 마켓 사이트에서 찾든, 포털 사이트 검색을 통하든, 지인에게 소개를 받든 어떤 방법이든 상관없다. 중요한 건 '지속적으로 함께 작업할 수 있는가'이다. 브랜딩 작업이 창업 초기에 한 번으로 끝나면 좋지만 추가 작업이 필요한 일이 생기곤 한다. 이때 내 가게가 추구하는 방향과 기존에 만들어 둔 이미지를 잘 이해하고 있는 사람과 일 하는 게 수월하며 비용 절감에도 도움이 된다.

○ — 나의 이야기가 충분히 담긴 로고를 만들자

로고는 임대차 계약 전에 완료돼 있는 게 좋으므로 미리 준비한다. 왜냐하면 임대차 계약이 성사되면 바로 임대료 부담으로 이어지기 때문이다. 임대차 계약과 동시에 빠르게 설계와 인테리어를 진행해야 하므로 인테리어 요소에 영향을 줄 수 있는 로고 같은 브랜딩 작업은 미리 완성해두는 게 좋다. 로고를 만들 때는 디자이너와 충분히 소통하도록 한다. 어떤 빵집을 만들고 싶은 지, 빵집에 대한 나의 철학과 이념은 무엇인지 잘 정리해서 준비한 이미지 시안과 함께 디자이너에게 전달한다. 디자이너는 이러한 이야기 속에서 영감을 얻고, 그 속에서 포인트를 찾아 로고를 제작한다. 서로 충분히 의견을 나눌수록 로고의 완성도도 높아진다.

로고는 인테리어 설계 전에 반드시 완성하자

인테리어 설계 전에 로고가 완성돼 있어야 간판 디자인부터 내부 인테리어까지 로고의 톤앤매너에 맞춰 일관성 있게 마무리할 수 있습니다. 로고가 정해져 있지 않은 상태에서 인테리어 설계를 먼저 하면 나중에 로고와 전혀 어울리지 않게 완성될 수도 있습니다. 반드시 로고는 인테리어 설계 작업이 들어가기 전에 먼저 디자인을 완성한 다음 그 느낌을 고려하여 내외부 공사를 하도록 합니다.

브랜딩을 통해 가게의 이미지 굳히기

○ — 빵을 판매할 때 가게의 이미지가 각인되도록 한다

동네 빵집을 운영하면서 대단한 홍보 이벤트를 하기는 쉽지 않다. 그러므로 자신이 만드는 빵을 판매하며 가게의 이미지와 제빵 철학을 고객에게 지속적이고 소소하게 마케팅하는 것이 중요하다.

로고와 결을 함께하는 명함, 포장지, 쇼핑백, 스티커, 스탬프 등의 홍보물을 준비해 통일된 아이덴티티를 만든다. 통일된 디자인의 포장은 가게나 빵의 이미지를 끌어올리는 데 아주 중요한 요인이 된다.

○ — 간판 : 가게의 얼굴

간판은 인테리어를 할 때 함께 준비한다. 간판 디자인은 로고를 만든 업체나 설계사에게 의뢰하면 된다. 설계사에게 의뢰한다면 완성된 로고파일을 건네 주면 설계사가 간판 업체에 제작을 의뢰한다. 만약 로고를 만들어준 업체가 품목당 디자인 비용을 요청한다면 설계사에게 의뢰하는 게 비용을 절감할 수도 있는 방법이다. 간판 디자인은 누가 하던지 제작과 설치가 가능해야 하기 때문에 마지막 마무리는 간판 전문업체에서 하게 된다.

명함 : 주인의 얼굴

명함은 가게 홍보 명함과 오너 셰프 명함, 이렇게 두 종류로 준비한다. 명함은 디자이너가 업체에 제작을 맡기면 나는 찾기만 하면 된다. 각 명함당 2~3만 원 정도에 제작 가능하다. 명함에 기입할 내용은 아래를 참고한다.

가게 홍보용 명함
- ☐ 상호명 (로고로 대신할 수도 있다.)
- ☐ 정기 휴무일
- ☐ 오픈 & 마감 시간
- ☐ 매장 전화번호
- ☐ 주소
- ☐ SNS 계정
- ☐ 은행 계좌번호

오너 셰프 명함
- ☐ 이름
- ☐ 이력
- ☐ 상호명 (로고로 대신할 수도 있다.)
- ☐ 매장 전화번호 및 휴대폰 번호
- ☐ 주소
- ☐ 이메일 주소

스티커와 스탬프 : 가게의 개성을 보여주는 센스

우리 가게의 로고를 스티커와 스탬프로 제작한다. 포장 용품에 로고를 새겨 주문 제작할 수도 있지만 보통 기본 수량이 1만 개 이상이라서 보관하기도 어렵고 비용도 많이 들어가니 추천하지는 않는다. 우리 가게만의 스티커와 스탬프를 기성제품에 더해 우리 가게만의 포장을 완성한다.

스티커는 빵을 담을 비닐 포장지나 각대봉투, 기타 포장지에 붙일 수 있는 다양한 크기로 2~3종류 준비하고, 스탬프는 빵을 담을 각대봉투나 종이 쇼핑백에 찍을 용도로 1~2종류 준비한다. 스티커는 1종에 3~5만원, 스탬프는 1종에 2~5만원에 제작할 수 있다. 스티커는 최소 수량만 발주하여 결과물을 보고 나중에 추가로 더 제작한다.

○ — 포장 용품 : 애착과 성의를 보여주는 아이템

빵을 포장하는 기성 비닐백은 크기가 정해져 있다. 판매하고자 하는 빵에 맞는 비닐백을 크기별로 5백~1천 개씩 준비하여 미리 스티커를 붙여 둔다. 각대봉투와 종이 쇼핑백은 기성품을 구매하는 게 효율적이다. 각대봉투는 대·중·소 크기별로 5백 장씩, 종이 쇼핑백은 2가지 사이즈로 5백 장씩 준비한다. 선물용 박스도 준비해 두는 것이 좋은데, 기성품으로 2가지 크기로 마련해두고 스티커, 리본, 네임 태그 등을 활용해 포장 마무리 아이디어를 생각해 둔다.

포장용품을 수납할 수 있는 창고나 여유 공간은 반드시 필요하니 인테리어 설계 시 이런 목적의 수납 공간을 확보해야 한다.

○ — 네임 태그 : 빵의 이름표

빵 진열 시 제품의 이름과 가격을 알리는 네임 태그도 미리 준비한다. 내가 글씨를 잘 쓰더라도 손님이 한눈에 알아볼 수 있게 디자이너에게 의뢰해서 깔끔하게 만드는 게 좋다. 빵을 어떻게 진열할지 미리 정한 다음 디자인을 의뢰한다.

○ — 현수막 : 공사 시작과 함께 빵집 홍보도 시작

빵집 오픈을 알리는 현수막도 미리 제작하는 게 좋다. 인테리어 공사 시작 즈음에 현수막을 통해 우리 가게의 오픈 날짜를 알려 지나가는 사람들에게 기대와 궁금증을 유발시킨다. 현수막은 인테리어 설계사나 시공 업체에 의뢰하면 제작을 해준다.

○ — 여러 가지 홍보용 소품

입간판은 동네에 따라, 가게의 위치에 따라 필요할 수도 혹은 필요하지 않을 수도 있으므로 꼭 제작해야 하는 것은 아니다. 전면 유리의 사인물 또한 그렇다. 가게의 로고, 빵집을 알리는 글, 오픈과 마감 시간 등을 넣어 시트지로 전면을 디자인한다. 만약 별도로 제작을 해야 한다면 설계사에게 먼저 의뢰하고, 실제 제작물은 인테리어 시공 업체가 담당하게 된다. 시트지로 만드는 사인물 등이 있을 경우, 간판을 만들 때 함께 제작하면 된다.

06

Space Plan

인테리어 설계

• 이 내용은 이파리건축사사무소의 박정규 건축사께서 도움을 주셨습니다.

Key: 설계에 들어가는 비용과 시간은 꼭 필요한 투자이다.

인테리어에서 가장 중요한 건 설계이다. 제대로 된 설계안이 없으면 인테리어 역시 제대로 완성할 수 없고, 문제가 생기면 공사가 중단되거나 지연된다. 그러면 일정과 인건비가 늘어나고 결국 완성도는 떨어진다. 그만큼 설계는 중요한 작업이므로 시간과 돈이 들더라도 업체 선정부터 도면까지 섬세하고 꼼꼼하게 완성해 나가야 한다.

설계와 시공의 차이 알기

○ — 인테리어 역시 건축의 일부이다

동네 빵집 인테리어를 시작하기 전에 기본적인 건축 시스템을 이해하면 도움이 된다. 대학 전공 중 건축학과와 건축공학과는 무엇이 다를까? 건축학과는 건축설계(architecture design & plan)를 배우고, 건축공학과는 구조, 공법, 공정, 건설관리 등(engineering, construction) 건설에 필요한 이론을 배운다. 거의 모든 사람들은 이 차이점을 구분하지 못한다. 차이를 알더라도 역할이 어떻게 나누어지는지 잘 모른다. 왜냐하면 건물이 지어지는 것과 관련된 일을 통틀어 '건축한다'라고 하기 때문이다.

○ — '건축'에 포함되는 여러 분야마다 전문가가 따로 있다

'건축'이라는 카테고리 안에는 상당히 많은 분야가 있다. 이를 구분하지 않고 분야가 다른 전문가에게 의뢰하므로 문제가 발생하곤 한다. 가령 철물점 사장이나, 샷시공사, 화장실 타일 교체 공사 등을 하는 기술자에게 가정집이나 매장 인테리어의 공사를 통으로 의뢰하는 경우가 많다. 게다가 공사 요구 조건을 전부 구두로 전달한다. 공사의 범위 및 요구사항과 분위기, 재료 등을 모두 말과 사례 사진으로 전달하므로 공사가 끝날 때 쯤 되면 공사비가 많이 추가되는 경우가 빈번하다. 비용을 많이 들였지만 원하는 분위기로 공사가 마무리되지 않는 경우 역시 많다.

전문가의 정확한 역할을 알고 일을 의뢰해야 원하는대로 공사할 수 있고, 공사 후의 만족도도 올라간다. 이러한 오류로 인해 열심히 작업에 임한 업체를 사기꾼이라고 오해하는 일까지 생긴다.

○ — 설계와 공사는 완전히 다른 분야이다

건축공사의 각 공정은 상황에 따라 분야가 나누어져 있는데 특히 설계는 공사 그 자체와 분리되는 다른 분야이다. 건축학과 또는 건축공학과를 전공한 각각의 사람들은 설계사무소와 건설회사라는 다른 업종의 회사에 속하여 완전히 다른 일을 한다. 업무가 다르며, 법적 제도를 기준으로 보면 더욱 명확히 나누어진다.

건물을 지을 때 건축설계와 건설공사를 한 회사에 의뢰하면 더욱 완성도 있는 건물이 만들어질 것 같지만, 실제로는 더 많은 문제가 발생할 확률이 높다. 업무의 목적이 달라서인데, 건축물을 완성한다는 대목표는 같지만 각 분야의 회사가 추구하는 소목표와 역할이 다르기 때문이다.

설계자와 시공자의 서로 다른 목표

설계자는 건축주를 대신하여 건축주가 요구하는 공간, 안전한 구조, 조화로운 디자인, 기능적인 인프라 설계에 초점을 맞춘다. 시공자는 똑같은 건축물을 짓더라도, 보다 효율적인 기간, 공정의 원활한 연계, 경제적인 자재수급, 안전한 시공, 완성도 있는 시공을 하기 위한 지시와 관리를 주된 업무로 삼는다.

설계자가 시공을 한다면 클라이언트의 경제성, 효율성 부분에서 손실이 일어나기 쉽다. 시공자가 설계를 한다면 공사의 효율성과 시공회사의 이윤에 모든 초점이 맞추어질 것이다. 대체로 설계와 시공 분야는 제도적으로 나누어져 있는데 이는 의뢰인의 요구는 충족하고, 부담은 최소화하면서 설계사와 시공사의 담합이나 부실공사를 방지하기 위해서이다.

설계, 시공 그 중간에 감리가 있다

공사가 진행되는 현장에서는 실제로 여러 변수와 문제점들이 발생하는데, 이는 시공자가 현장 여건에 맞게 조율해간다. 이때, 시공자 임의대로 공사를 진행하는 것이 아니라 설계 의도와 각종 법규, 설계 도서(도면 등의 서류)대로 시공이 잘 진행되는 지를 검수하는 업무를 감리라고 한다.

○ — **좋은 공간은 조화로운 협업으로 이루어진다**

'건축'이라는 분야는 완성된 제품을 구매하는 것이 아니다. 의뢰한 사람이 원하는 대로 완성되기 위해서는 필요와 목적에 맞게 시간을 들여 충분히 설계를 해야한다. 그 다음에 어떻게 설계대로 공사를 해나갈지 논의하며 시공자를 선정하는 것이 바람직하다. 어떤 건축물(공간)이 만들어질 때는 의뢰인(건축주), 설계자, 시공자, 감리자가 함께 협업하여 하나의 건축물을 완성시켜 나가야 한다.

인테리어의 완성도는 설계가 좌우한다

○ — 건축법에 해당되지 않는 가게 인테리어의 허점

인테리어는 어떻게 보면 건축의 사각지대에 있다. 건축은 허가에 관한 법기준이 명확하기 때문에 설계, 시공, 감리 업무가 나누어진다. 설계는 일정한 자격이 있는 설계사가 맡고, 시공은 공사의 규모를 감당할 수 있으며, 필요한 자격 기술과 자본력을 가진 업체만 참여할 수 있게 제도화되어 있다. 또한 이 둘의 담합을 막기 위해 감리도 필수이다. 하지만 인테리어는 이러한 제도나 규제와 상관 없이 공사가 가능하다는 점이 문제이다.

○ — 전문가의 도움을 받되 내가 주체가 되는 작업

인테리어 완성 후 품질이나 사후 관리가 제대로 되지 않는 경우가 허다하다. 이를 방지하는 과정이 바로 설계이다. 설계는 설계사가 담당하지만 공간을 효율적으로 사용하기 위해서는 나의 영업 계획이 명확해야 한다. 내게 필요한 공간과 기계 등에 대한 자료와 계획이 없다면 설계가 촘촘하게 완성될 수 없다. 설계뿐 아니라 시공과 감리까지 내가 주체가 되어야 인테리어 중에 생길 수 있는 문제를 줄일 수 있다.

설계는 완성도 높은 인테리어를 위한 지도

설계는 공간 실측 후 내·외부 디자인, 마감재 선정, 전기 및 수도의 위치, 조명의 종류와 위치, 기계장비 배치 등 실내외 모든 인테리어 요소를 결정하는 작업이다. 그만큼 시간도 필요한 일이다. 설계만 하는 데에 보통 한 달, 길게는 두 달 정도 걸린다. 설계가 완성되는 기간 동안 가게의 월세를 내야 할 수도 있다. 설계는 매우 중요한 작업이고, 설계가 잘 되어야 시공할 때 생기는 오류를 줄일 수 있으므로 설계 비용을 아까워하지 말자. 설계가 잘못되면 월세 이상의 비용이 들 수 있다. 규모에 따라 다르지만 동네의 작은 빵집(10~15평)의 적절한 설계 비용은 대략 300~500만 원 정도이다.

설계 업체 선정하기

설계 업체를 선정할 때는 포트폴리오를 확인하고, 내 예산과 설계 비용이 맞는지도 확인해야 한다. 무엇보다 설계자가 얼마나 나의 요구와 생각을 잘 이해하고 대응해 줄 수 있는지 대화를 통해 확인하는 것이 좋다. 인테리어 설계는 설계사와 사용자가 함께 완성해가는 일이다.

○ — 설계와 시공은 다른 회사에 의뢰하기

인테리어는 설계와 시공 업체를 각각 따로 선정해서 진행하는 게 가장 좋다. 시공은 도면이 완성된 뒤부터 시작되니 도면이 만들어지는 동안에 시공업체를 물색하면 된다. 맘에 드는 시공 업체를 3군데 정도 꼽아 두었다가 완성된 도면을 가지고 각 업체에 비교 견적을 받아 본다. 가장 낮은 금액을 제시한 업체보다는 견적을 꼼꼼하게 쓰는 업체가 일을 잘 할 확률이 높다.

○ — 감리는 설계사에게 의뢰하기

설계, 시공, 감리를 각각 다른 업체에 맡기는 게 가장 안전하다. 하지만 동네 빵집을 열면서 그렇게까지 일을 진행하기란 현실적으로 어렵다. 이럴 때는 설계사에게 감리를 맡기는 방법이 최선이다. 감리는 시공이 끝난 뒤에 한꺼번에 살펴보는 게 아니라 설계대로 공사가 잘 진행되는지 확인하는 작업이다. 시공사에서 제시한 견적을 살펴봐주는 역할도 한다. 설계를 아무리 꼼꼼히 했더라도 실제 공사 중에 발생하는 변수나 수정 사항도 설계 담당자와 논의하여 결정하면 된다.

설계사와 돈독한 관계를 유지하자

설계사는 설계는 물론 시공 중에 감리까지 맡아 줄 사람입니다. 무엇보다 내 가게의 인테리어가 문제없이 잘 마무리되기 위해서는 설계사의 역할이 아주 중요합니다. 또한 인테리어 시공 업체를 선정할 때도 설계사의 조언을 받으면 도움이 됩니다. 시공 업체 선정이나 인테리어 계약서 작성 시 함께 미팅하는 것도 좋은 방법입니다. 또한 시공 업체에게 설계사를 연결시켜 주면 설계도면에 대해 궁금한 것이 있을 때 설계사에게 바로 연락을 취할 수 있고, 시공 업체가 공사에 좀 더 신경을 쓰기도 합니다.

설계 업체 미팅 전에 준비할 것

운영할 가게의 자료

가게의 평수가 아니라 실측한 사이즈를 미리 알려주면 설계 상담 시 참고할 수 있다. 부동산 계약 시 CAD도면을 받을 수 있는지 확인한 뒤 받을 수 있으면 설계 업체 미팅 시 가지고 가면 좋다. 없다면 도면을 손으로 대강 그리고 대략의 치수를 기입해 준비한다.

내가 사용할 기계장비의 크기

부동산 계약이 완료될 시점에 내가 사용할 기계장비는 확정돼 있어야 한다. 설계를 의뢰할 때 어느 정도 크기의 장비가 주방에 들어가는지 알려줘야 설계에 반영할 수 있다.

동선에 따른 기계장비의 배치

빵집에서는 기계장비의 배치가 중요한데, 설계 업체는 어느 위치에 어떤 장비를 배치해야 하는지 파악할 수 없다. 기계장비의 위치는 내가 설계 업체에 알려줘야 한다. 작업 동선을 고려한 기계장비의 위치에 대해 잘 알지 못할 때는 전문가에게 조언을 부탁한다. 주변에 전문가가 없을 때는 기계장비를 판매하는 업체에게 동선에 관한 조언을 구해보는 것도 방법이다.

분위기 및 인테리어 시안

어떤 분위기의 빵집을 원하는지 본인이 생각한 인테리어를 보여주는 사진이나 웹사이트 자료를 미리 준비한다. 브랜딩 미팅 시 준비된 다양한 시각 자료를 업데이트 하면 수월하다. 브랜딩 하면서 방향이 바뀌었다면 그에 맞춰 준비해 설계 업체와 공유한다.

브랜딩을 거친 가게의 로고

로고와 인테리어는 조화로워야 한다. 가게 이름과 로고를 정할 때 빵집의 가치, 분위기, 철학을 고려한 자신만의 컨셉을 고민했을 것이다. 이때 매장의 분위기까지 상상해보는 게 좋다. 로고는 매장 간판은 물론 여러 소품에도 활용되므로 자신이 정한 컨셉을 반영할 수 있어야 한다. 상호는 정했지만 로고를 만들지 못했다면 인테리어 설계 단계에서 로고를 만들어보는 것도 방법이다. 만약 로고 디자인이 완료되었다면 프린트하거나 휴대폰에 이미지로 저장하여 설계업체를 만나러 가면 된다.

사람들이 기대하는 빵집의 분위기가 있다?

빵집은 무조건 따뜻한 분위기를 내는 것이 좋습니다. 소재는 내추럴한 나무를 사용하고, 벽돌을 접목시키는 것도 좋은 아이디어입니다. 옷가게나 소품 가게처럼 강렬한 색의 페인트나 스틸 같은 소재 등 차가운 느낌이 나는 자재는 피하는 게 좋습니다.
다만 주방의 벽과 바닥은 타일로 시공하세요. 공사 가격은 비싸지만 견고하고 청소와 관리가 편하기 때문입니다. 간혹 비용이 저렴하고 시공이 쉬워 에폭시로 하는 경우도 있는데, 시간이 지나면 들뜨고 미끄러워서 주방 마감재로는 추천하고 싶지 않습니다. 조명은 따뜻한 느낌을 주는 노란빛의 전구를 사용하는 게 좋습니다. 진열대에는 무조건 조명을 비춰 빵이 먹음직스럽게 보이도록 하세요.

설계 업체와 미팅하기

설계와 인테리어 예산을 공유한다

내가 설정한 설계 비용은 얼마인지 알려줘야 설계사가 일을 맡을지 말지에 대한 결정을 내릴 수 있다. 설계 이후 인테리어(감리 포함)에 쓸 수 있는 비용도 알려줘야 한다. 그래야 인테리어에 사용할 자재 비용과 공사 범위 등을 고려해 더 촘촘하고 현실적으로 설계할 수 있다.

가게를 열 장소에 함께 방문한다

운영할 가게(공사를 진행할 현장)의 공간을 함께 보러 가는 것이 좋다. 실측한 도면과 현장 사진을 준비하였더라도 현장과 현장 앞 거리에서 살펴볼 것과 체크해야 할 현장 컨디션이 있기 때문이다.

브랜드 아이덴티티를 공유한다

미팅 전 준비한 인테리어 시안에 대해 이야기할 때는 준비한 자료와 함께 로고를 바탕으로 이야기한다. 로고를 의뢰한 디자이너에게 이야기했던 것처럼 내가 왜 빵집을 하고자 하고, 어떤 빵을 만들고 싶은 지, 빵집에 대한 철학은 무엇인지도 이야기해야 설계에 반영할 수 있다.

일정을 공유한다

내가 계획한 빵집 오픈 일정을 알려줘야 한다. 설계뿐 아니라 인테리어에 드는 시간까지 고려해야 하기 때문이다.

기계장비의 위치 및 스펙을 알려준다

설계사가 실측하여 나온 평면도를 먼저 요청한 다음 내가 사용할 기계장비의 위치를 다시 한 번 정확히 알려준다. 또한 기계장비의 전기 용량과 급수와 배수 유무는 설비 설계에서 매우 중요한 요소이다. 설계 시 꼼꼼하게 반영되어야 나중에 전기선이나 배수관 등에서 문제가 발생하지 않는다.

감리를 의뢰한다

인테리어 시공 도중은 물론이며 마무리 시점에서 감리는 꼭 거쳐야 한다. 감리는 공사하는 내용을 확인하고 검수하는 작업이므로 의뢰인은 할 수 없으니 설계사에게 맡기는 게 안전하다. 내가 아무리 설계 도면을 이해하고 있다고 하여도 추가 공사가 필요하거나 설계 내용을 변경해야하는 일이 생길 수 있기 때문이다. 감리를 의뢰하면 비용이 발생하겠지만 공사비와 일정이 늘어나는 것보다 효율적이라고 볼 수 있다. 만약 별도의 감리비용이 부담

된다면 설계사에게 공사 중 현장 방문을 한두 번 정중히 부탁해보자. 설계사는 자신이 의도한대로 만들어지길 원하므로 관심을 갖고 현장을 둘러볼 확률이 높다.

계약 조건과 지급 일정을 조율한다

계약금 지불 시점, 중도금 유무, 지불해야 한다면 언제로 할지 등과 잔금 치르는 시점을 조율한다. 계약금은 보통 10%, 중도금은 2차 모델링 시안이 나왔을 때 50%, 잔금은 도면이 완성되고 원본 파일을 받는 시점에 지불한다.

설계 시 꼭 챙겨야 할 공사 목록

○ — 매장 공간 분할

빵집은 장비도 많고 작업 공간도 필요하기 때문에 가게의 2/3는 주방, 1/3은 매장으로 만들 것을 알린다.

○ — 수납 공간 확보

창고가 없는 경우에는 수납 공간의 확보를 위해 필요한 수납장이나 선반 등 수납 시설을 설치해야 한다.

○ — 배수 시설 설치 유무

싱크대뿐만 아니라 급·배수 시설이 있는 오븐과 도우컨 등의 기계장비의 위치는 메인 배수의 위치에 따라 추가 배수 설비를 해야 할 수도 있다.

○ — 주방 마감재

주방의 바닥과 벽의 마감재는 청소 및 관리가 편하고 견고해야 하기 때문에 타일로 마무리해야 한다.

○ — 출입문 및 주방 입구의 크기

출입문의 폭이 최소 90cm는 돼야 기계장비가 들어갈 수 있다. 또한 매장에서 주방으로 들어가는 입구의 사이즈도 마찬가지이다. 출입문 및 주방 입구가 좁으면 공사가 끝난 뒤 기계장비가 들어가지 못하는 일이 종종 발생한다.

○ — 블라인드 설치

영업시간 외에는 집중해서 빵을 만들어야 하는데, 내부가 훤히 들여다보이면 영업시간이 아니라도 문을 열어 달라는 요구가 있어 작업이 어려워질 수 있다. 오픈 전, 마감 후에는 블라인드를 내려서 영업 시간이 아님을 알려야 한다.

설계 시 스스로 재차 확인할 것

배수 시설 위치 확인하기

싱크대와 오븐, 도우컨 등 급·배수 시설이 필요한 기계장비의 위치는 메인 배수 시설과 가까워야 설치가 편하다. 하지만 작업 동선을 우선으로 기계장비의 위치를 정하다보면 기존 배수 위치와 맞아 떨어지지 않을 수 있다. 기계장비의 위치에 따라 바닥을 깨서 배수 공사를 새로 해야 할 수도 있으며 공사비가 증가 될 수 있다.

기계장비 활용을 고려한 동선 재확인하기

주방은 오븐으로 인해 열기가 많아지며, 늘 안전해야 하는 곳이다. 작업 시 고생하지 않으려면 최대한 효율적인 동선이 필요하다. 반죽기 앞 공간 확보, 기계의 문 열림 방향 등 실제로 필요한 공간을 다시 한 번 확인한다. 작업 동선에 따른 기계장비의 위치는 아래의 배치 조건을 참고한다.

- ☐ 오븐과 발효기는 붙어있으면 좋다.
- ☐ 오븐과 반죽기는 떨어져 있어야 좋다. 반죽이 오븐의 열기로 인해 영향을 받지 않도록 하기 위해서이다.
- ☐ 싱크대, 계량 작업대, 반죽기는 붙어있으면 좋다.
- ☐ 싱크대, 계량 작업대, 반죽기는 매장에서 최대한 안 보이게 한다. 밀가루가 날려 어수선하고 지저분해 보일 수 있다.

평면도에 장비 배치해 보기

좁은 주방 공간을 효율적으로 활용하려면 평면도에 기계를 배치해 동선을 짜본다. 설계 업체로부터 평면도를 받은 뒤 도면의 주방 위치에 기계 장비를 배치해 보고 실제 사용 시를 머릿속에 그려본다. 주방의 동선을 짜는 동안 설계사에게는 매장 설계부터 먼저 요청하면 시간을 절약할 수 있다. 동선에 따른 기계장비 위치가 확정되면 재빨리 설계사와 공유한다.

① 장비 업체로부터 내가 구매할 기계장비의 스펙을 받는다.

② 설계사에게 기계장비의 스펙을 알려준다.

③ 설계사에게 도면의 비율에 따라 기계장비의 사이즈를 1/100축소해서 그려줄 것을 요청한다. 일반적인 자로 재었을 때 1cm가 1m라고 보면 된다.

④ 축소된 기계장비를 오려서 도면의 주방 위치에 이리저리 배치해 본다.

제빵에 필요한 설계는 내가 확인해야 한다

설계사는 제빵사가 아닙니다. 설계를 의뢰할 때는 설계사와 충분히 대화하고 그의 실력을 믿고 맡겨야 하지만 주방 공간은 내가 주도하는 게 맞습니다. 제빵은 작업 동선이 매우 중요한데, 설계사는 그 동선을 알 수 없고, 기계장비마다 크기도 다르며, 사용하는 전기의 용량, 급·배수 시설이 다르기 때문입니다. 장비 업체에서 견적을 받을 때 반드시 기계장비의 스펙을 함께 받으세요. 전기는 몇 kw가 들어가는지, 급수가 필요한지 배수가 필요한지 등을 꼼꼼하게 확인한 다음 설계사에게 전달합니다. 급·배수가 필요한 기계장비는 그 자리에 급수와 배수 시설이 연결돼야 한다는 것도 설계사에게 알려줘야 합니다. 동선도 내가 짜서 알려줘야 하고 급기, 배기에 대해서도 꼼꼼하게 이야기를 해 주어야 설계에 참고할 수 있습니다.

완성된 설계도면 확인하기

○ — 실측 치수와 도면의 치수가 맞는가

초기 디자인 단계에서는 인테리어 자재나 재료의 컬러가 반영된 도면, 3D 모델 이미지로 매장의 윤곽을 그려나간다. 하지만 이런 이미지보다 완료된 설계도면에서 더 중요한 것은 도면에 표기된 숫자와 문자들이다. 그러니 설계도면이 완성되면 평면도와 입면도 모두 꼼꼼하게 확인하는 작업이 매우 중요하다. 특히 실측한 치수가 맞게 나왔는지 확인해야 한다. 실측이 잘못되면 추후에 장비가 들어가지 못하는 사태가 발생할 수도 있기 때문이다. 설계도면(평면도와 입면도 모두)을 가지고 현장에 나가 일일이 직접 치수를 재어 도면과 비교 및 확인한다.

○ — 요청 사항이 잘 반영되어 있는가

설계도면이 완성되면 주방 동선, 기계장비의 위치, 출입문의 크기 등 내가 요청한 사항들이 빠짐없이 도면에 잘 반영 돼 있는지 확인하는 작업이 필요하다. 우선 공사해야 하는 내용, 나의 요청 사항에 대해 빠짐없이 체크해서 목록을 만든다. 그리고 하나하나 짚어가며 설계사에게 물어보고 도면에 반영이 되었는지 확인한다. 이 과정에서 꼼꼼히 확인하지 않으면 공사 도중 작업 내역이 추가되거나, 중요한 부분이 누락되어 시공될 수 있다.

후드 설계 시 많이 하는 실수에 대하여!

오븐 위에 후드를 설치하는데 그 위치를 잡을 때 실수를 많이 합니다. 대부분 오븐 바로 위에 후드를 설치하는데, 이렇게 하면 효과가 거의 없습니다. 오븐의 문이 열릴 때 많은 양의 수증기와 열기는 앞으로 나오면서 위로 올라갑니다. 그러니 문이 열릴 때 수증기가 나오는 방향에, 즉 어닝처럼 후드를 앞쪽까지 빼서 설치해야 합니다. 후드를 설치할 수 없는 구조라면 천장에 가림막(가드)을 설치하는 것도 좋은 방법입니다. 후드이든 가림막이든 열기를 밖으로 뺄 수 있는 환풍기는 꼭 있어야 합니다. 주변 건물에 피해를 주지 않는다면 열기를 뺄 환풍기를 벽에 설치하고 환풍기를 설치할 수 없다면 덕트(배기 디퓨져)를 만들어야 합니다. 수입이나 신형 오븐은 후드가 장착된 일체형으로 나오기도 하지만 배기 시설은 꼭 만들어야 한다는 걸 기억하세요.

데크오븐 배기를 위한 TIP

데크오븐 사용 중 문을 열 때는 많은 증기와 열기가 발생하므로 신속히 배출시키는 게 좋다. 이를 위해 오븐 위에 팬이나 덕트를 설치하는데 이때 가장 많이 하는 실수가 덕트박스 설치이다. 다음 그림을 참고하여 알맞은 배기 장치를 만들도록 한다.

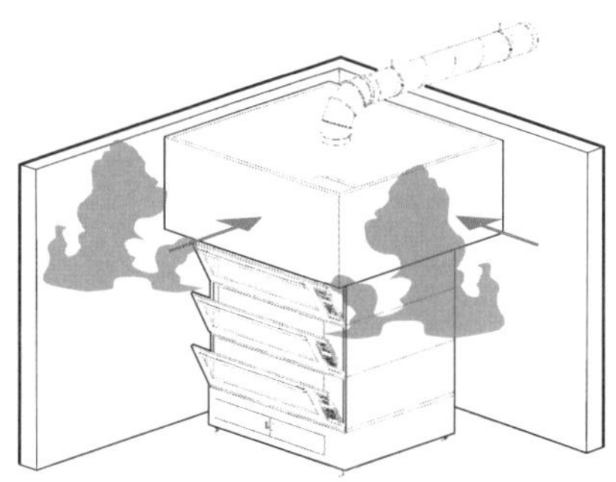

× 가장 일반적인 오븐 위의 덕트박스 설치이다. 정작 증기는 문을 여는 방향으로 배출되어 빠르게 천장으로 향한다. 이때 덕트박스가 뜨거운 증기와 열기의 배출을 방해하여 오히려 천장에 모이게 된다. 가득찬 증기와 열기는 제빵공간뿐 아니라 매장에도 영향을 미치며 보기에도 좋지 않다.

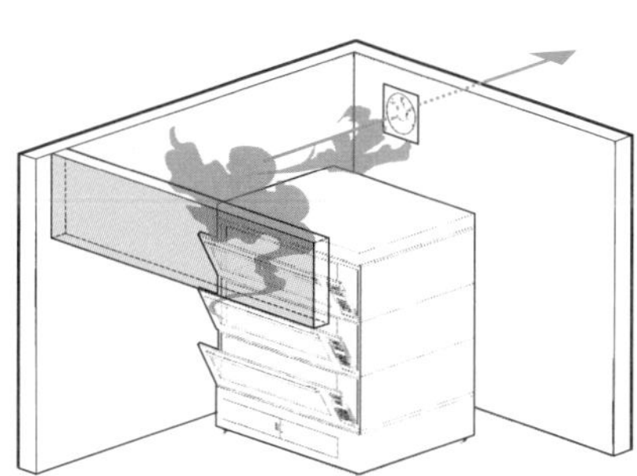

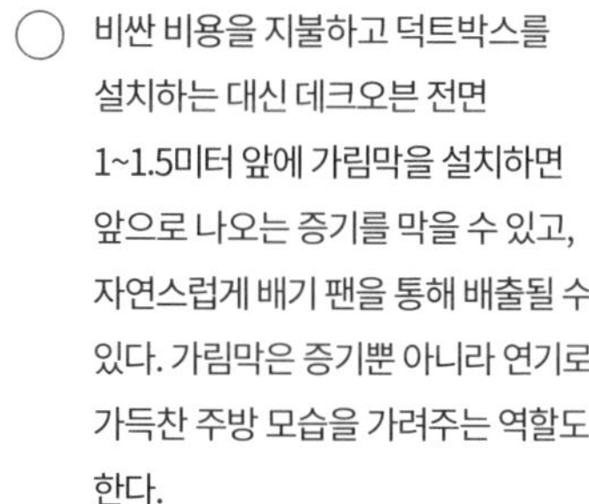

○ 비싼 비용을 지불하고 덕트박스를 설치하는 대신 데크오븐 전면 1~1.5미터 앞에 가림막을 설치하면 앞으로 나오는 증기를 막을 수 있고, 자연스럽게 배기 팬을 통해 배출될 수 있다. 가림막은 증기뿐 아니라 연기로 가득찬 주방 모습을 가려주는 역할도 한다.

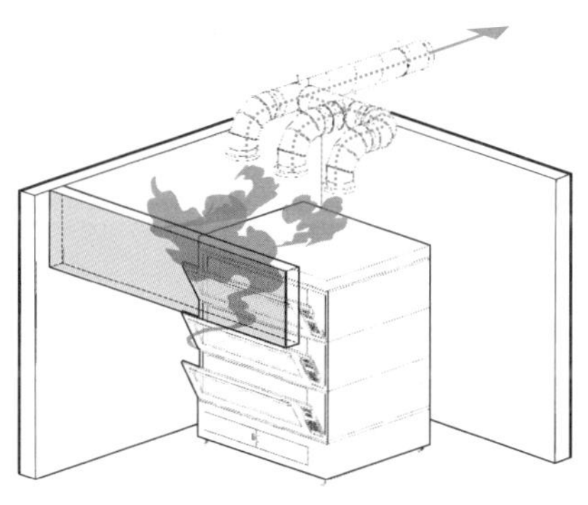

○ 배기 팬을 통해 외부로 증기 배출을 할 수 없는 공간이라면 덕트를 설치한다. 마찬가지로 가림막을 그림처럼 설치하고 천장에 배기관을 설치하면 천장에 모인 증기, 열기, 연기를 효과적으로 배출할 수 있다. 배기관은 3구 정도가 적당하다.

실제 인테리어 도면 살펴보기

이 책에서는 이파리건축사사무소가 제공한 샘플 여섯 가지를 수록한다. 외부투시도(142쪽), 실내투시도(144쪽), 평면도(146쪽), 천장도(148쪽), 실내입면도(150쪽), 전열평면도(152쪽)이다.

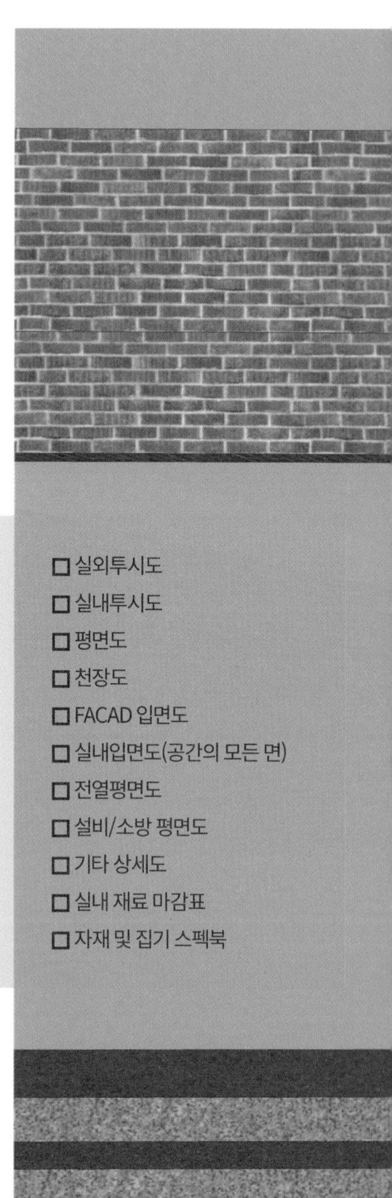

설계가로부터 받아야 하는 필수 항목

이 책에서 소개하는 6종류의 자료를 포함하여 설계사로부터 꼭 받고 확인해야 하는 투시도 목록은 다음과 같다.

- ☐ 실외투시도
- ☐ 실내투시도
- ☐ 평면도
- ☐ 천장도
- ☐ FACAD 입면도
- ☐ 실내입면도(공간의 모든 면)
- ☐ 전열평면도
- ☐ 설비/소방 평면도
- ☐ 기타 상세도
- ☐ 실내 재료 마감표
- ☐ 자재 및 집기 스펙북

투시도를 보며 의견을 조율한다

외부투시도와 실내투시도는 본격 설계에 들어가기 전에 전체적인 분위기를 살펴볼 수 있는 그림이다. 벽면이나 외관, 천장 등의 자재, 크기, 재질, 색감, 출입문과 창문 등의 디자인, 가구의 재질, 색감, 모양, 크기 등을 모두 가늠해보며 내가 운영할 동네 빵집의 전체 분위기를 종합적으로 파악할 수 있다. 실내외 투시도를 가지고 수정 및 의견을 더 조율해볼 수 있다. 조율을 마치면 실제 도면 작업에 들어간다.

동네빵집
DONGNE
BAKREY
BOULANGERIE
DONGNE
BAKERY

실내투시도

실제로 공사를 마친 후의 매장과 주방의 분위기를 살펴볼 수 있는 그림이다. 이를 통해 다양한 의견을 조율해볼 수 있다.

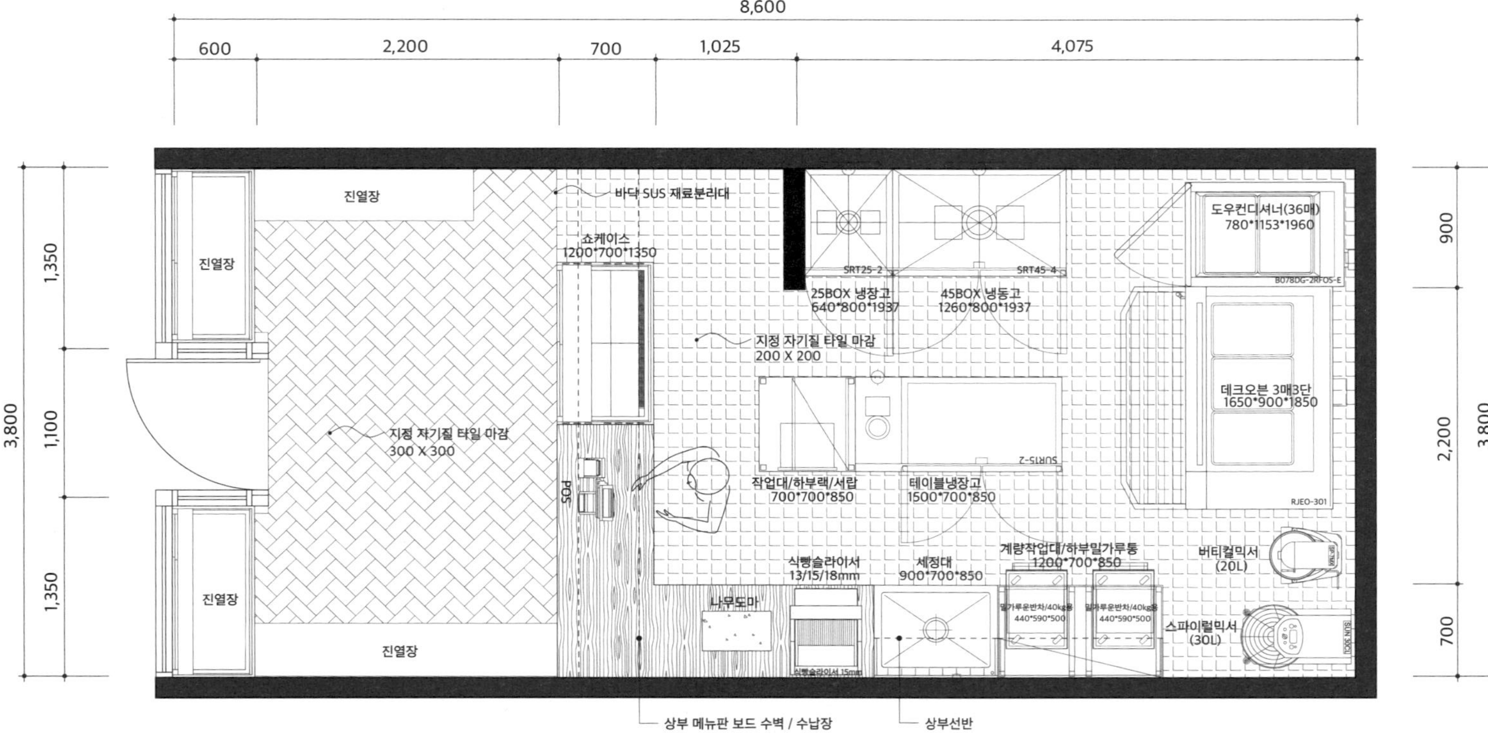
8,600
600
2,200
700
1,025
4,075
진열장
바닥 SUS 재료분리대
쇼케이스
1200*700*1350
진열장
25BOX 냉장고
640*800*1937
45BOX 냉동고
1260*800*1937
도우컨디셔너(36매)
780*1153*1960
지정 자기질 타일 마감
200 X 200
지정 자기질 타일 마감
300 X 300
POS
작업대/하부랙/서랍
700*700*850
테이블냉장고
1500*700*850
데크오븐 3매3단
1650*900*1850
계량작업대/하부밀가루통
1200*700*850
버티컬믹서
(20L)
식빵슬라이서
13/15/18mm
세정대
900*700*850
나무도마
진열장
진열장
스파이럴믹서
(30L)
상부 메뉴판 보드 수벽 / 수납장
상부선반
1,350
1,100
1,350
3,800
900
2,200
700
3,800

평면도

평면도는 도면의 전부라고 할 만큼 중요한 것이다. 빵집은 특수한 장비와 동선이 매우 중요하므로 최적의 제빵 작업 및 판매 환경을 조성하기 위해서는 꼼꼼한 평면 계획이 필요하다. 평면도를 받은 의뢰자는 반드시 실제 공간에 가서 평면도의 수치와 실제 수치를 비교 확인해봐야 한다.

- 좌측의 도면은 1/50 scale로 제작된 예시이나 책의 크기에 맞게 임의 조정하여 수록한다.

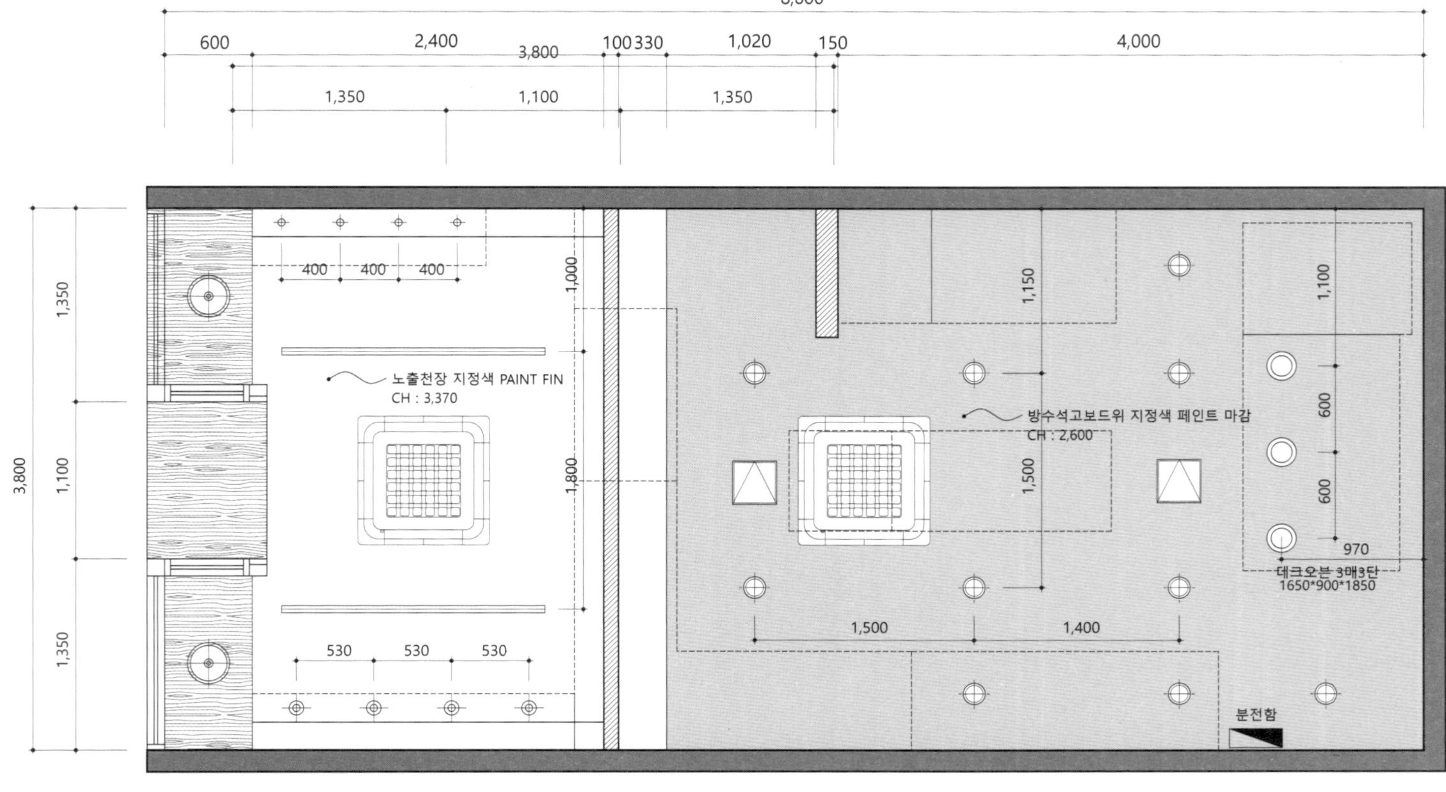
노출천장 지정색 PAINT FIN
CH : 3,370
방수석고보드위 지정색 페인트 마감
CH : 2,600
데크오븐 3매3단
1650*900*1850
분전함

천장도

천장도는 공간의 높이를 결정하고, 모든 조명과 마감재, 공조와 냉난방기 등을 확인할 수 있는 매우 중요한 도면이다. 평면도에는 공간의 기능이 함축되어 있다면, 천장도는 공간의 분위기를 좌우하는 도면으로 디자인에 큰 영향을 미친다.

- 좌측의 도면은 1/50 scale로 제작된 예시이나 책의 크기에 맞게 임의 조정하여 수록한다.

LEGEND		
SYMBOL	DESCRIPTION	수량
	LED 라인 팬던트 형 주광색	2EA
	다운라이트 주광색	10EA
	팬던트 조명 전구색	2EA
	에디슨 전구 전구색	4EA
	LED 매립 할로윈 가구조명 전구색	4EA
	배기 디퓨져	3EA
	천정형 냉난방기	2EA
	점검구	2EA

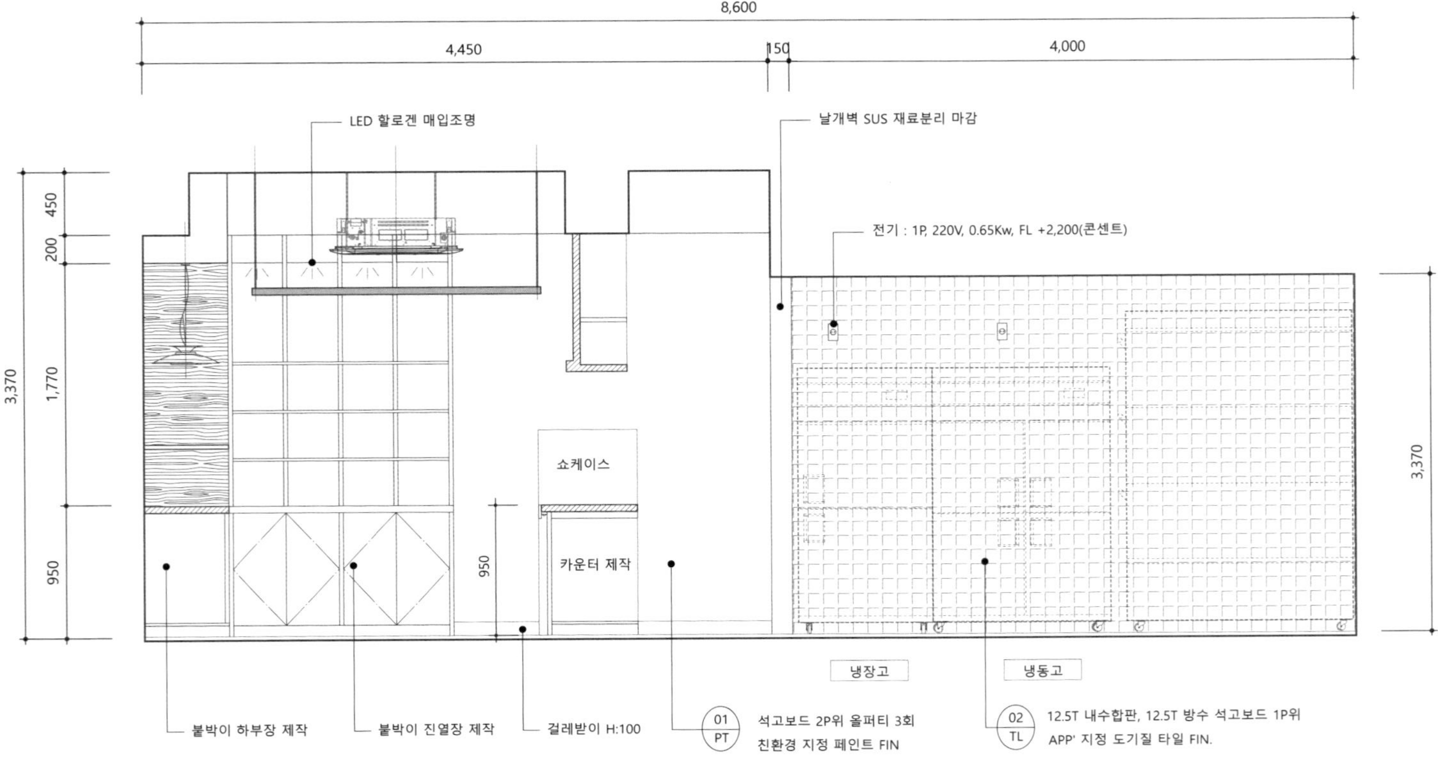
8,600
4,450
150
4,000
LED 할로겐 매입조명
날개벽 SUS 재료분리 마감
전기 : 1P, 220V, 0.65Kw, FL +2,200(콘센트)
450
200
1,770
950
3,370
쇼케이스
카운터 제작
950
3,370
냉장고
냉동고
붙박이 하부장 제작
붙박이 진열장 제작
걸레받이 H:100
01
PT
석고보드 2P위 올퍼티 3회
친환경 지정 페인트 FIN
02
TL
12.5T 내수합판, 12.5T 방수 석고보드 1P위
APP' 지정 도기질 타일 FIN.

실내입면도

입면도는 벽체의 재료를 포기하고 간섭되는 디테일한 부분을 모두 확인할 수 있는 도면이다. 평면도와 천장도만 있어도 공사를 진행할 수 있지만 분명 놓치는 부분이 생긴다. 입면도를 통해 벽체 한 면 한 면을 공사해나가야 빠짐이나 실수 없이 구현할 수 있다. 입면도는 모든 공간의 벽면을 확인하는 것이니 한 장이 아닌 여러 장의 도면이 필요하다.

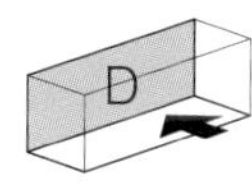

좌측의 실내입면도는 한 면 (ELVATION D)의 샘플입니다.

입면도는 공사할 벽체의 모든 면을 작성하는 것이 좋습니다.

- 좌측의 도면은 1/50 scale로 제작된 예시이나 책의 크기에 맞게 임의 조정하여 수록한다.

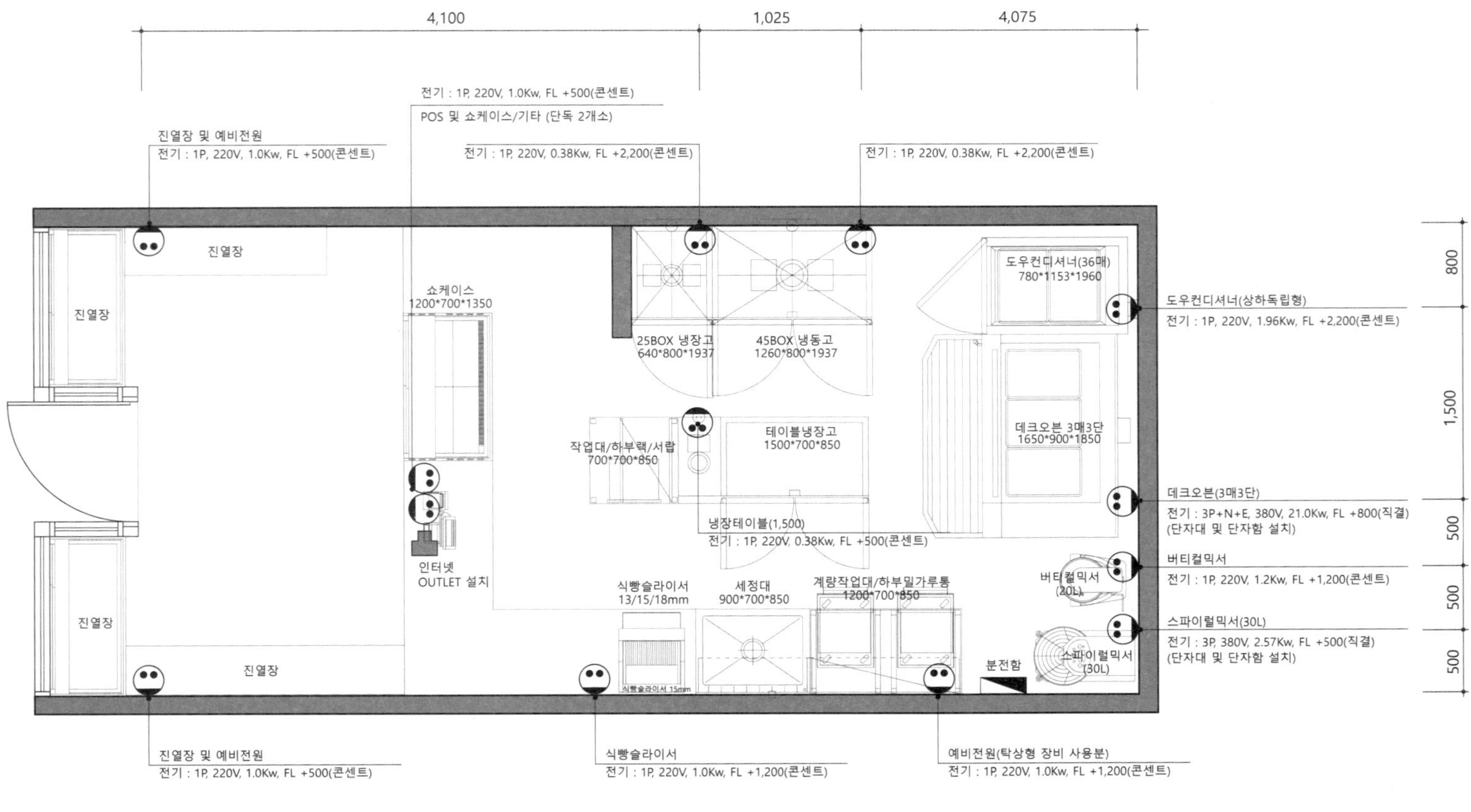

4,100
1,025
4,075
전기 : 1P, 220V, 1.0Kw, FL +500(콘센트)
POS 및 쇼케이스/기타 (단독 2개소)
진열장 및 예비전원
전기 : 1P, 220V, 1.0Kw, FL +500(콘센트)
전기 : 1P, 220V, 0.38Kw, FL +2,200(콘센트)
전기 : 1P, 220V, 0.38Kw, FL +2,200(콘센트)
진열장
진열장
쇼케이스
1200*700*1350
25BOX 냉장고
640*800*1937
45BOX 냉동고
1260*800*1937
도우컨디셔너(36매)
780*1153*1960
도우컨디셔너(상하독립형)
전기 : 1P, 220V, 1.96Kw, FL +2,200(콘센트)
800
1,500
작업대/하부랙/서랍
700*700*850
테이블냉장고
1500*700*850
데크오븐 3매3단
1650*900*1850
데크오븐(3매3단)
전기 : 3P+N+E, 380V, 21.0Kw, FL +800(직결)
(단자대 및 단자함 설치)
냉장테이블(1,500)
전기 : 1P, 220V, 0.38Kw, FL +500(콘센트)
인터넷
OUTLET 설치
식빵슬라이서
13/15/18mm
세정대
900*700*850
계량작업대/하부밀가루통
1200*700*850
버티컬믹서
(20L)
버티컬믹서
전기 : 1P, 220V, 1.2Kw, FL +1,200(콘센트)
스파이럴믹서(30L)
전기 : 3P, 380V, 2.57Kw, FL +500(직결)
(단자대 및 단자함 설치)
500
500
500
진열장
진열장
분전함
스파이럴믹서
(30L)
식빵슬라이서 15mm
진열장 및 예비전원
전기 : 1P, 220V, 1.0Kw, FL +500(콘센트)
식빵슬라이서
전기 : 1P, 220V, 1.0Kw, FL +1,200(콘센트)
예비전원(탁상형 장비 사용분)
전기 : 1P, 220V, 1.0Kw, FL +1,200(콘센트)

전열평면도

쉽게 말해 전기도면이다. 평면과 입면 계획이 모두 끝나면 각 장비의 위치를 확인하여 필요한 전압에 맞는 설계를 해야 한다. 내가 운영할 동네 빵집에 들여놓을 기계장비의 스펙과 연결 방법을 설계 업체와 상세하게 공유해야 하며, 공사를 진행할 때도 재검토 하는 것을 잊지 말자. 전기도면에 제빵용 기계장비뿐 아니라 일반 전기 콘센트와 통신배선까지 계획하여 넣으면 더 정확한 공사 진행이 가능하다.

• 좌측의 도면은 1/50 scale로 제작된 예시이나 책의 크기에 맞게 임의 조정하여 수록한다.

07

Interior Design

인테리어 시공

• 이 내용은 이파리건축사사무소의 박정규 건축사께서 도움을 주셨습니다.

Key: 설계도의 80%만 구현해도 성공이다.

시공은 설계도면을 얼마나 잘 구현하는지에 달려 있다. 설계한대로 꼼꼼하게 작업해줄 시공 업체를 찾는다면 예상한 비용과 일정에 맞춰 원하는 인테리어를 완성할 수 있을 것이다.

다양한 타입의 인테리어 시공 업체

건설공사에 비해 법적제한이 적은 영역이다. 소규모 공사의 경우 특정 면허나 자격 없이 공사가 가능하므로 전문성이 없더라도 인테리어 업체의 성격을 가질 수 있다. 건축사의 기준으로 인테리어 공사가 가능한 업체를 5개의 타입으로 나누어보았다.

A타입 건설면허, 대규모 자본금, 시공 및 설계 등 여러 파트의 담당 부서와 전문가를 보유하고 있다. 대규모 건설현장 공사를 담당할 규모와 능력이 되는 업체.

B타입 인테리어 전문회사. 설계팀, 시공팀, 영업팀 등 인테리어 공사 전체를 A부터 Z까지 책임시공 할 수 있는 규모의 업체.

C타입 가장 보편적인 유형의 인테리어 업체로 '실내건축공사업'이라는 업종의 사업자를 가지고 있다. 업체마다 규모와 수준이 매우 다양한 편이다.

D타입 하나의 전문적인 공정(공사)의 기술자가 운영하는 업체. 현장에서 흔히 목공반장, 금속반장으로 불리는 기술자가 업체 대표로서 시공팀을 이끈다. 시공팀을 운영할 수만 있다면 타일가게의 사장, 보일러 수리 전문가 등도 할 수 있다.

E타입 셀프 인테리어. 인테리어 공사 유경험자로서 손수 공사를 하거나 공사를 해주겠다고 하는 지인.

인테리어 업체별 장단점

○ — A타입 : 존재만 알면 된다

이런 규모의 업체가 존재한다는 것만 상식적으로 알아두자. 건설회사 규모이기 때문에 개인이 의뢰할 일은 거의 없다.

○ — B타입 : 큰 비용, 고급스러운 인테리어를 구현한다

B타입에 속하는 업체는 저마다 규모나 능력치가 다를 수 있는데, 공통적으로 만족스러운 퀄리티를 만들어 내는 편이다. 백화점 명품매장, 고급주택, 병원 로비 등 고급화를 지향하거나 특수한 공간의 공사를 많이 하고, 설계에서부터 마감재까지 전문 지식을 갖추고 있다. 뿐만아니라 공사에서 발생하는 민원 및 여러 현장문제에 대응 또한 원활하게 해결한다.

단점은 소규모 업체에 비해 비용이 적게는 2~3배 많게는 10배까지 비쌀 수 있다. 또한, B타입처럼 보이는 일반 수준의 업체가 상당히 많다. B타입 업체의 명확한 특징은 업력이 길고 초기 견적이 높다. 기업의 규모를 유지하기 위해 가격 경쟁에서 밀리더라도 적은 금액으로는 절대 계약하지 않기 때문이다.

○ —— C타입 : 천차만별이라 시공 사례를 확인해보는 게 좋다

인테리어 업체가 공개하는 온라인 상의 정보만으로는 그 업체의 실력을 가늠하기 힘들다. 이럴 때에는 업체가 시공한 매장을 방문하여 점주와 이야기를 나눠보는 게 가장 좋다. C타입 업체가 설계까지 맡는 경우가 있다. 이때 3D 이미지로 완성될 가게의 분위기만 서로 확인하고 공사를 시작하기도 하는데 이는 피해야 한다. 또한, C타입의 업체가 소개하는 설계사무소를 통해 설계 작업이 이루어지기도 한다. 이때 설계비용은 내가 지불하지만 그 설계의 내용이 나를 위한 것인지, 시공업체를 위한 것인지는 잘 판단해야 한다.

○ —— D타입 : 매력적이지만 매우 주의를 요한다

우리가 가장 주의해야 할 타입니다. 의뢰인이 공사경험이 많은 베테랑이거나 관련 분야의 노하우가 있다면 많은 비용을 절감할 수 있는 형태이다. 하지만 그런 경우가 아니라면 위험요소가 많다. 시공업체의 업무는 공정을 관리하는 것이다. 그러나 D타입은 한 분야의 기술자가 다른 분야의 기술자를 구해 협업하는 형태이므로 운영 면에서 불안한 요소가 있다. 운영이란 공정 관리뿐 아니라 공사비와 하자보수 등 여러 이해관계 발생 시 이를 해결하는 것까지 포함된다. 그러므로 한 분야의 기술자가 공사 전체를 매끄럽게 운영하기란 어렵다. 게다가 설계까지 제대로 이루어져 있지 않으면 문제는 더 커진다. D타입의 문제는 대체로 작업자가 동시에 관리자인 것에서 시작되곤 한다.

○ — E타입 : 아주 좋거나, 아주 나쁘거나 둘 중 하나다

셀프 인테리어의 결말은 대부분 2가지이다. 본인은 만족하는데 주변이 인정하지 않는 경우. 모두가 결과에 만족은 하지만 공사비가 너무 많이 발생하고 공사 기간이 길어진 경우이다. 아주 극소수로 업체가 공사한 것보다 더 유니크하고 멋지게 완성되기도 하는데 그러기 위해서는몇 가지 조건이 있다. 아래 세 가지 중 한 하나라도 부합하지 않는다면 무조건 셀프 인테리어는 피해야 한다. 예쁜 개인 작업실을 꾸미는 게 아니라 동네 빵집을 만드는 게 목표이기 때문이다. 셀프인테리어를 하는 사람 대부분은 본인의 시간과 인건비를 총공사비에서 제외한다. 빵집 오픈 전에 모르는 분야를 해결하느라 시간과 힘을 쏟느니 잘 하는 분야인 제빵에 몰두하는 편이 낫다.

1) 예술계통의 일을 했던 사람 또는 건축계통에서 종사했던 사람.
2) 자본 여유가 있는 사람.
3) 시간 여유가 있는 사람.

인테리어 업체 선정하기

○ — 설계도를 잘 구현해줄 업체를 찾는다

인테리어 업체를 설계부터 시공까지 도맡아 하는 곳이라고 생각하지만 실은 설계도면을 토대로 시공만 하는 곳이다. 설계도면이 완성되면 최대한 잘 구현해 줄 실력 있는 업체를 선정해야 한다. 가급적 앞에서 언급한 C타입의 업체를 권하고 싶다. 설계만 별도로 진행하고, 내역서만 꼼꼼하게 받는다면 원하는 분위기를 합리적인 비용으로 완성할 확률이 높기 때문이다.

○ — 온라인 상의 포트폴리오만으로는 부족하다

요즘은 SNS를 통해 인테리어 업체를 찾는 경향이 많다. 업체의 계정에 올라온 완성 사진만 보고 결정하는 것은 어리석은 일이다. 시공 실력을 가늠하기 어렵고, 간혹 자신들이 시공하지 않은 사진을 올리는 일도 있기 때문이다. SNS나 포털사이트를 통해 포트폴리오를 볼 때는 완성 사진만 올린 곳보다는 공사가 진행 중인 사진까지 공개한 곳을 더 신뢰할 수 있다. 공사를 의뢰한 가게나 업체에 연락해 인테리어 회사에 대해 이모저모를 물어보는 것도 방법이다.

○ — 빵집을 시공한 경험이 있는가

빵집 인테리어는 시각적인 요소도 중요하지만 무엇보다 주방 설비를 제대로 완성해야 한다. 전기나 급·배수 시설, 작업 동선에 따른 공간 확보 등 빵집의 주방을 잘 이해해야 한다. 빵집은 들어섰을 때 따뜻한 느낌이 나는 게 좋은데 경험이 없는 업체에 시공을 맡기면 예쁘긴 하나 주얼리 매장이나 안경집처럼 밝고 화사한 분위기로 완성되는 경우가 있다. 그렇기 때문에 빵집 시공을 해 본 업체가 가장 좋고, 아니라면 빵집과 비슷한 카페 등의 음식점 시공을 한 경험이라도 있는 게 좋다.

○ — 예산은 공개하지 않고 견적을 요청한다

설계가 완성되면 도면을 3~4군데의 시공 업체에 전달하고 견적을 요청한다. 이때 공사 예산은 업체에 공개하지 않는다. 왜냐하면 예산을 미리 알게 되면 설계내용을 면밀히 검토한 견적이 아닌 계약을 성사시키기 위해 예산에만 맞추고 설계 계획과는 차이가 나는 견적을 제시할 수 있기 때문이다.

견적의 내역이 얼마나 꼼꼼한가 확인한다

행여 구두로 공사 금액을 제시한다든가 1장짜리 내역서를 가지고 오는 시공 업체와는 일 하지 않는 게 맞다. 공사를 잘 하는 업체라면 도면을 가지고 현장 조사를 하며 설계자나 의뢰자를 먼저 인터뷰한다. 설계 내용에서 궁금한 점, 현장과 맞지 않는 점, 의뢰자의 특별한 요구 등을 실제로 구현할 수 있는지 사전에 고민하고 확인하는 과정을 거쳐 이를 견적서 내용에 꼼꼼히 반영한 업체일수록 일을 잘 한다. 이런 과정을 거쳐 설계도면에서 빠진 것은 없는지까지 확인할 수 있다.

무조건 싸다고 좋은 게 아니다

비교 견적을 받은 후 시공 업체를 선정할 때는 가장 적은 금액을 제시한 곳보다 꼼꼼하게 견적을 제시하는 곳이 낫다. 이런 업체는 오히려 설계에 빠진 내용까지 체크하여 공사여부를 확인하는 경우도 있다. 이런 업체일 경우 견적이 높더라도 당황하지 말고 비용이 어떻게 산출되었는지 자세히 물어보며 예산에 맞춰 시공 범위나 방법 등을 조율해보는 게 좋다.

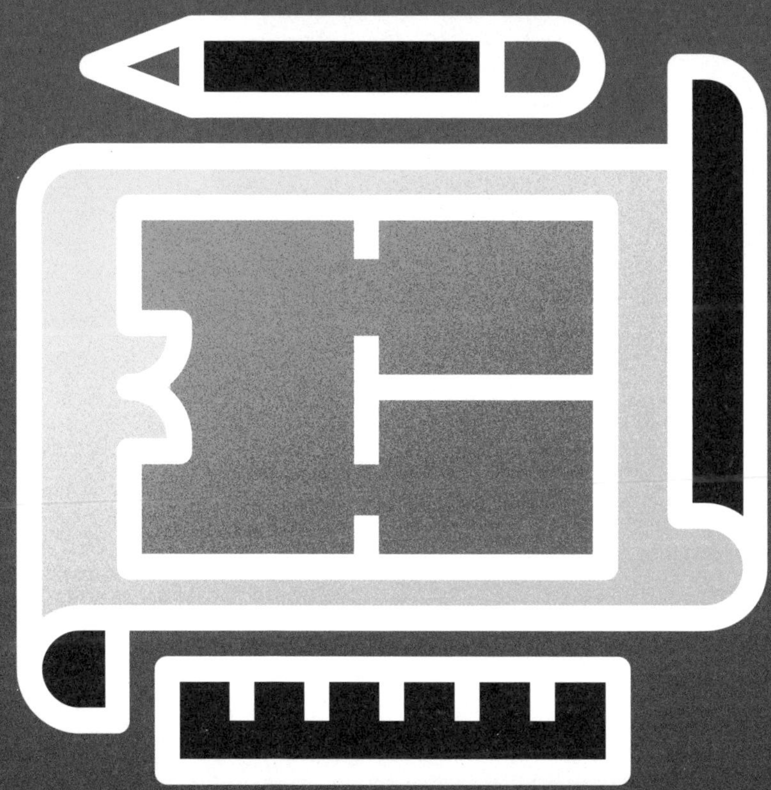

인테리어 업체와 일할 때 이것만은 알아두자

하나, 총예산은 공개하지 마세요.
현장 조사 나온 시공 업체가 총예산을 묻는다면 대답하지 않는 게 좋습니다. 왜냐하면 계약을 성사시키기 위해 무조건 예산에 맞춰주겠다고 하는 업체가 있을 수 있고, 비용에 딱 맞춰 공사 분량을 조절해서 견적을 넣는 경우도 있기 때문입니다.

둘, 예산이 부족하다면 설계를 바꾸세요.
시공 업체의 견적이 예산보다 훨씬 초과한다면 설계사와 상의하여 설계 내용을 조정하여 비용 절감을 고민해보세요. 이런 과정을 통해 시공 업체가 이 현장에서는 추가 비용으로 차익을 보기 어렵다는 점도 알게 되니 일석이조의 효과를 거둘 수 있습니다.

셋, 예비비는 반드시 남겨두세요.

설계가 잘 되고, 시공 업체가 견적을 꼼꼼히 내었다 할지라도 철거와 공사가 시작되면 변수가 생깁니다. 추가 공사나 비용이 필요할 때는 설계사와 상의한 후 적절한 예비비를 사용하도록 하세요.

넷, 즉흥적으로 판단하지 마세요.

현장에서 시공을 하다보면 갑작스러운 변수가 생길 수 밖에 없습니다. 이때 의뢰인에게 판단이나 결정을 요구하는데, 설계사와 상의하고, 비용발생 여부나 금액을 확인하는 과정을 거쳐 결정하세요.

시공 업체 계약 시 살펴볼 것

계약서는 미리 받아 볼 것

계약서를 받고 그 자리에서 바로 사인하면 시쳇말로 '호구'가 될 수도 있다. 설계도면과 비교해서 견적서의 시공 항목 및 공사 범위는 어디까지인지, 공사 기간은 얼마나 걸리는지, 오픈 일정에 맞출 수 있는지, 더 요구할 사항은 없는지 등을 아주 꼼꼼하게 살펴봐야 한다. 계약서는 반드시 미리 받아 꼼꼼하게 읽어보고 나의 요구 조건을 정리해본다.

공사 범위는 최대한 꼼꼼하게 확인

공사의 범위를 살펴봐야 시공 예산을 설정할 수 있다. 설계도면과 계약서 상의 시공 항목을 비교해서 살펴본 다음 공사 범위를 서로 확인하는 작업이 필요하다. 견적서에 없는 공사는 별도로 예산을 잡아야 하므로 우선 내가 필요한 목록을 정해 견적서에 있는지 비교 확인하고, 없는 것은 업체와 협의해서 시공 범위에 포함시킬지 말지를 결정한다.

견적서에는 보통 전기 증설, 내부 전기, 설비, 목공, 도장, 금속, 유리, 타일, 마감, 간판, 입주 청소 등은 포함된다. 그러나 그 외 다양한 항목은 포함되지 않는데 대체로 개인이 주도적으로 진행하는 게 비용이 덜 드는 항목들이다. 아래의 리스트를 확인하자.

※ 공사범위 체크 항목

- ☐ 현수막
- ☐ 냉난방기
- ☐ 덕트
- ☐ 어닝
- ☐ 간판
- ☐ 전면 사인물
- ☐ 조명 기구
- ☐ 블라인드
- ☐ 입주 청소
- ☐ 보양 작업
- ☐ 전기 증설 및 분전함

※ 개별 진행 항목

- ☐ 철거
- ☐ 냉난방기
- ☐ 덕트
- ☐ 어닝
- ☐ 블라인드
- ☐ 조명기구

공사 기간은 무리하지 않도록

공사 기간은 보통 3~4주 정도가 적당하다. 계약서에 2주 정도로 잡혀 있으면 서두르다가 오히려 공사가 제대로 되지 않을 확률이 높으니 업체에 무리 없는 일정이 맞는지 확인해야 한다. 또한 공사 기간 중 이유 없는 공백이 생겨서는 안 된다. 공사 일정에 차질이 없을지도 미리 체크한다.

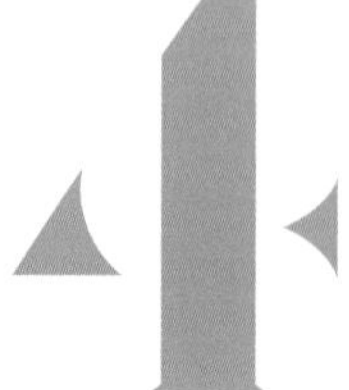

인테리어 비용은 나누어서 지급하기

계약금, 중도금, 잔금 치르는 시기를 체크한다. 계약금은 공사가 착수되는 시점에 지급한다. 계약서에 도장을 찍고 일정 안내를 받고 나면 계약금 지불 시점부터 공사가 시작된다. 계약금은 보통 인테리어 총 비용의 10% 정도 지급한다. 하지만 공사 상황에 따라 선급금을 더 요구해올 수 있다. 여러 여건을 고려하되 계약금이 최대 20%는 넘지 않도록 하자. 인테리어 시공은 인건비가 많이 들어가기 때문에 중도금은 보통 두 번에 나눠 지급하는데, 지급 시기는 일정을 봐서 결정한다. 중도금은 잔금 10~15% 정도 남겨두고 지급하면 된다. 잔금은 공사가 끝나는 시점이 아니라 완료 후 15일 뒤에 지급하는 조건으로 계약한다. 페인트가 벗겨진 곳은 없는지, 전기는 잘 들어오는지, 급·배수는 문제없는지 등의 하자를 살피기 위함이다.

보양과 보수 작업은 특약으로 넣자

인테리어가 끝나고 크고 무거운 기계장비를 들이다보면 공간에 흠집이 생길 수도 있다. 입주 청소 후 기계가 들어오기 전에 바닥과 문, 벽, 모서리 등에 보양작업을 해 줄 것을 특약 사항으로 넣는다. 또한 기계장비로 인해 약간의 흠집이 생긴 부분을 A/S 해 줄 것도 포함시키는 게 좋다. 하자 보수 기간도 계약사항에 없다면 추가한다. 하자 보수 기간은 보통 1년으로 한다.

인테리어 시공 중에 빵집 주인이 할 일

빵집 오픈을 알리는 전면 현수막을 건다

공사가 시작되면 동네 사람들은 어떤 가게가 들어오는지 궁금해한다. 빵집의 오픈을 알리는 현수막을 걸어 기대감을 상승시킨다. 현수막에는 가게 이름, 슬로건, 영업시간, 오픈 날짜 등의 정보를 기입하면 홍보 효과도 노릴 수 있다. 인테리어가 끝나고 모든 집기가 들어온 뒤 가게가 정리되면 프리 오픈 기간을 갖고 빵을 만들고, 진열도 해보는 등의 시뮬레이션이 필요하다. 초보자는 최소 2~4주일 정도, 숙련자는 1~2주일 정도 시뮬레이션 기간을 생각하고 오픈일을 정한다.

설계도면과 일정표를 현장 곳곳에 붙이기

공사 일정표와 설계도면은 공사 현장 여기저기에 잘 보이도록 여러 장을 붙여 기술자들이 수시로 확인할 수 있게 해야 공사에 차질이 없고, 실수가 적다. 도면이 없거나 모자라서 서로 돌려 보거나 누군가가 보지 않을 때를 기다려야 한다면 작업이 늦어질 수도 있다. 기술자들이 쉽게 확인할 수 있도록 기술자별로 나눠주는 것도 좋은 방법이다.

시공 중에는 현장에 나타나지 않기

도면이 아무리 자세하더라도 기술자들은 편한대로 작업하고 싶어지게 마련이다. 시공에 대해 잘 알지도 못하는 가게 주인이 현장에 나타나 기술자들의 요구를 섣부르게 허락했다가는 일이 되려 꼬인다. 공사 중인 시간에는 현장에 절대 나타나지 않는 게 답이다.

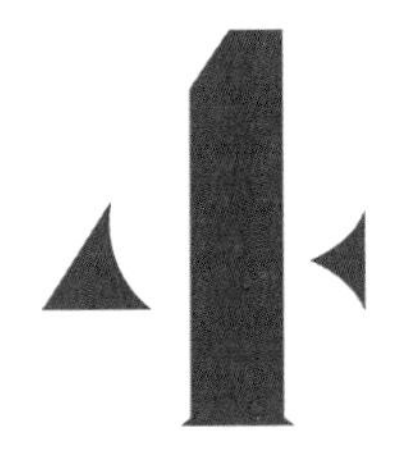

매일 기술자들이 퇴근하면 현장에 가보기

하루의 작업을 마무리하고 기술자들이 떠난 저녁즈음에 가서 진행 상황을 매일 체크한다. 도면과 비교해서 오늘 공사한 부분을 사진으로 찍어 남기고 궁금한 점이나 오류를 발견하면 설계사나 시공업체에 반드시 바로 물어본다. 찍어 둔 사진은 나중에 하자가 발생했을 때 유용하게 쓰이므로 꼼꼼하게 기록해두면 좋다.

문제가 발생하면 설계사에게 물어보기

간혹 시공 현장에서 자재를 바꿔야 한다, 설계도면대로 진행이 어렵다, 공사를 좀더 쉽게 하자는 등의 여러 가지 상황이 발생할 수도 있다. 이럴 때 기술자나 현장 책임자가 의뢰인(빵집 주인)에게 문제 해결을 요청하는데, 혼자 임의로 결정해서는 안 된다.

문제가 발생한 부분에 대해 반드시 설계사에게 문의하여 확인하는 절차를 거쳐야 한다. 확인 하느라 공정이 늦어져 인건비가 늘어날 수도 있으니 문제가 발생하는 즉시 설계사와 상의하는 게 좋다.

6

설계사에게 감리를 요청한다

아무리 잘 만든 설계도면이라도 80%만 구현되면 성공적인 시공이라고 할 수 있다. 이를 위해서는 공사 중간중간 설계사에게 감리를 요청해야 한다. 설계사가 감리 일로 매일 현장에 나올 수는 없기 때문에 매일 저녁 내가 현장에서 찍은 사진을 공유하며 감리하는 방법도 있다. 공사가 마무리되면 마지막 감리도 필요하다.

5평이나 15평이나 공사 비용은 비슷하다

인테리어는 전기, 설비, 목공 등 어차피 할건 다 해야 합니다. 5평을 공사하나, 15평을 공사하나 공사비는 비슷하고, 평수가 작다고 공사 비용이 현격하게 적게 드는 것도 아닙니다. 자재비보다 인건비와 공정에서 나는 비용 차이가 더 크기 때문입니다.

공간이 좁으면 오히려 기술자들이 작업하기 어려워 인건비가 늘어날 수 있습니다. 왜냐하면 공간이 넓으면 각자 다른 영역에서 본인이 할 일을 하면 되지만, 공간이 좁으면 기다렸다가 공사를 진행해야 하므로 그만큼 공사 기간이 늘어납니다. 게다가 자재를 쌓아 놓을 공간도 부족해 현장은 일하기 더 어려워집니다. 공사비를 아끼고 싶다면 평수와 자재 단가를 줄이기보다는 공정, 마감 범위, 공사 기간을 단축시키는 것이 더욱 효과적입니다.

인테리어 공사가 끝나갈 때 할 일

시간을 두고 하자 확인하기

입주 청소 후 말끔한 상태일 때 하자가 없는지 살펴본다. 타일 마감은 울퉁불퉁하지 않은지, 페인트는 곱게 잘 칠해졌는지, 조명은 잘 들어오는지, 전기는 문제없는지 등이다. 눈으로 보는 것에 그치지 말고 기계장비 설치 후, 빵 만드는 작업을 진행하면서 15일 정도 시간을 두고 꼼꼼하게 확인한다. 체크리스트와 함께 항상 사진을 찍어 두어야 분쟁의 우려가 없다.

기계장비업체와 인테리어 업체를 연결하자

기계장비는 인테리어가 완료된 후에 들어오기 때문에 장비 설치 시점에 발생한 인테리어 문제는 대처가 어렵다. 기계장비 업체는 공사 전부터 인테리어 업체와 충분한 소통을 하여 장비 반입에 필요한 사항을 서로 공유해야 한다. 예를 들면, 기계장비 업체가 인테리어 공사가 끝난 다음에 장비에 필요한 사항을 요구하면 누구도 책임질 수 없는 치명적인 사태가 발생할 수 있다.

기계장비부터 맨 먼저 설치하자

인테리어 공사가 마무리되면 큰 기계장비가 먼저 들어와 자리를 잡은 뒤에 싱크대와 작업대를 설치하는 게 순서이다. 기계장비는 인테리어 업체에서 설치하는 것이 아니라 구입한 곳에서 설치를 하러 온다. 기계장비보다 소도구나 원재료 등의 기타 물품들이 먼저 들어오면 기계장비 설치 시 이리저리 옮겨야 하니 다른 물건들은 나중에 받는 게 좋다.

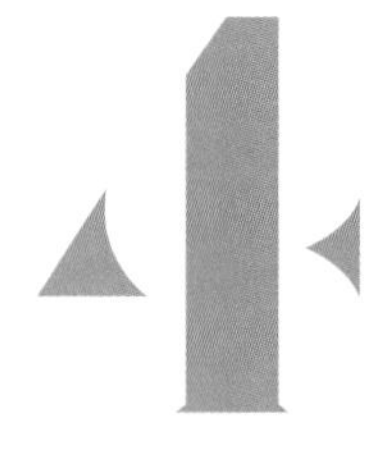

장비 반출입때 보양 작업 확인하기

대부분의 공사는 마감 작업이 끝나면 완료로 본다. 그런데 공사와 별도로 구입한 기계장비나 가구가 반입, 반출되면서 사소한 문제가 발생할 수 있다. 이럴 때 인테리어 업체와 장비 업체가 서로 책임을 미루기도 하니 업체간 소통을 원활히 유지시키는 게 의뢰인의 할 일이다. 장비나 가구 반입 시에 반드시 보양 작업을 요청하고, 반입 전후의 사진을 찍어 기록해두었다가 보수 작업이 필요할 시 이를 제시한다.

설계와 시공을 한 인테리어 업체에서 진행해야 하는 상황이라면?

인테리어 업체에서 설계부터 시공까지 모든 걸 함께 진행하게 된다면, 경우에 따라 설계는 꼼꼼하게 하지 않고, 시공은 빨리빨리, 감리 또한 인테리어 업체의 입맛에 따라 진행할 수도 있어 완성도가 떨어진다. 하지만 현실적으로 설계만 전문으로 진행하는 업체가 많지 않다. 설계사를 찾지 못해서, 혹은 다른 이유로 인테리어 업체에서 설계와 시공, 감리까지 모두 진행해야 한다면 설계 능력이 있는 업체를 찾는다. 방법은 가장 먼저 그 업체에서 이전에 작업했던 인테리어의 설계도면을 확인한다. 평면도, 입면도, 3D 등 설계도면을 모두 확인하고, 설계도면 대로 매장이 잘 시공됐는지 직접 방문하여 살펴본다.

인테리어 업체에 설계를 맡길 때 역시 설계에 시간과 비용을 투자하자. 인테리어 비용을 뭉뚱그려 책정하지 말고 비용을 별도로 지불할테니 설계도면을 완성도 있게 작업해달라고 제안한다. 나의 인테리어 예산은 얼마인데, 그중 설계 비용은 어느 정도 지불할 생각이고, 시공은 얼마의 예산을 잡고 있는지 솔직하게 얘기한 다음 작업을 제안한다. 그리고 설계안이 제대로 완성되면 공사를 진행할 것이고, 그렇지 않으면 다른 업체와 진행할 수도 있음을 공지한다.

인테리어 업체에 설계를 맡길 때는 디자이너가 내부에 있는지 확인하는 작업도 필요하다. 디자이너가 없는 경우, 직접적인 소통이 어렵고 설계안이 제대로 나오지 않을 수 있기 때문이다.

인테리어 업체에서 제시하는 그럴듯한 3D 시안에 현혹되지 말고 완성 설계도면은 몇 장인지 확인하는 작업이 더 중요하다. 또 각 장마다 제대로 설계가 됐는지도 꼼꼼하게 체크한다.

• 설계도면은 최소한 평면도, 천장도, 모든 입면도는 있어야 한다.

예산에 따라 선택할 수 있는 인테리어 방법

1

직접 공사 진행하기: 비용이 줄어드는 만큼 위험부담은 크다

□ 내가 공사 감독이 되어 직접 부분공사를 시행한다. 여러 전문가들에게 가격 문의를 하고 인부를 확인하여 미장, 전기, 목공, 설비 등 분야별로 직접 공사를 진행시키는 방식이다.

□ 공사비를 가장 적게 지출할 수 있는 반면, 각각의 기술자들을 찾아 직접 의뢰해야 하기 때문에 공정에 대해 잘 알지 못하면 일이 꼬이고 공사 기간이 늘어날 수 있다.

□ 시간적 여유가 없다면 본인의 인건비도 생각해볼 필요가 있다. 공사에 필요한 자재도 직접 구매하여 시공업체에 전달해주어야 하기 때문에 재시공이나 하자 및 보수 문제가 생기면 공사비가 더 많이 발생할 수도 있다.

□ 인테리어 시공 유경험자나, 미술, 패션 등 특정분야의 전문적인 감각이 있는 사람에게 유리하다.

현장소장 고용하기 : 시공 오류나 하자 보수에 취약하다

□ 각 공정별로 공사의 팀에는 반장들이 있다. 타일·전기·목공·금속 반장 등등. 이러한 특정 기술을 가진 반장들이 주변 소개로 공사 전체를 총괄 및 진행하는 방식이다.

□ 직영 공사에 가까운 방법으로, 업체에 의뢰하는 것보다 전체 공사비를 줄일 수 있고, 현장소장의 인건비가 추가되지만 시공 공정을 책임지고 진행하므로 의뢰인이 잘 모르더라도 공사 진행에 크게 차질이 없다.

□ 계획 및 디자인을 직접하고 지시해야 하는 부분은 직영공사와 동일하고, 하자 보수나 시공이 잘못 되었을 때 재시공이나 자재 비용이 발생하는 위험 부담을 안게 된다.

소규모 인테리어 업체에 의뢰하기(가장 일반적인 방법) **:**
진행 속도는 빠르나 결과를 예측할 수 없다

□ 주변에서 흔히 볼 수 있는 아파트 상가, 동네 골목 2차선 도로변 등에 위치하거나, 인터넷 검색으로 쉽게 찾을 수 있는 업체로 가장 흔한 인테리어 업체이다. 업체마다 실력과 가격의 차이가 크기 때문에 업체를 선정하기 위한 분별과 노력이 상당히 필요하다.

□ 공사비를 책정하는 방식은 대부분 현장 실측 및 컨디션 파악 후 의뢰인 인터뷰를 통해 평(면적)단가로 견적을 내는데, 대부분 초기 공사비가 정확하지 않다. 때문에 보통 소비자의 예산 내에서 공사를 진행하게 된다. 하지만 공사 범위가 대부분 구두로 정해지고, 예산이 정해져 있어 중간중간 요구사항이 늘어날 때마다 공사비도 늘어난다. 이 부분에서 많은 오류와 공사비 증액이 발생하고 분쟁이 일어나는 경우가 많다.

□ 설계팀이 없는데 시안과 도면을 제공해주는 업체는 프리랜서나 설계회사에 도면 외주를 맡긴 형태이다. 결국 공사비에 설계 외주비를 포함시키기 때문에 어차피 소비자의 몫이 되며, 설계팀

을 보유한 업체만큼 유기적인 대응을 기대하긴 어렵다.

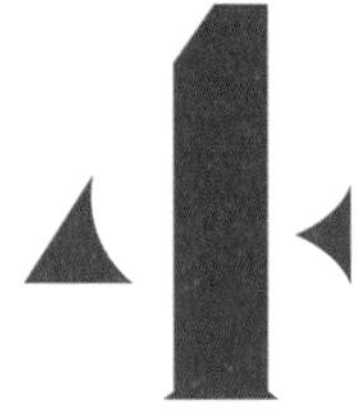

설계자가 있는 인테리어 업체에 의뢰하기 : 예산을 한참 뛰어넘는 견적을 받을 수 있다

□ 설계팀을 보유하고 있어 설계와 시공을 한 곳에서 할 수 있다. 때문에 공사 품질과 완성도가 높고 유기적이며, 공사와 설계 일정을 단축할 수 있다. 대부분 디자인과 퀄리티를 중요하게 생각하는 업체이기 때문에 견적 미팅 때도 설계팀 직원이 도면과 3D 이미지를 보여주며 공사의 방향을 제시한다. 이러한 업체의 경우 홈페이지에 포트폴리오를 많이 갖추고 있다.

□ 높은 퀄리티를 보장하지만 공사비가 매우 비싸게 책정된다. 설계팀이 있는 업체라 할지라도 디자인과 결과물이 의뢰인 취향과 맞지 않는다면 5~6배나 비싸게 공사를 하고도 만족하지 못하는 경우가 발생할 수 있다.

□ 설계팀의 3D 이미지와 실제 시공이 많이 다를 수 있다. 인테리어 3D 이미지는 CG로 더욱 돋보이

게 하는 경우가 많다. 예를 들면, 3D 이미지로는 분명 따뜻한 나무 톤이라서 마음에 들었는데, 실제 공사는 원목이 아닌 필름으로 마감해서 가벼워 보이는 일이 생길 수 있다. 설계팀의 디자이너도, 설계도면도, 자재 선정도 모두 소비자가 아닌 공사 이익에 초점이 맞춰져 있기 때문에 자칫 자재와 가구 스펙에 대한 지식이 없다면 비용 대비 결과를 얻지 못할 수 있다는 점을 유의해야 한다.

대형 인테리어 업체도 있다 : 어차피 동네 빵집에는 해당되지 않는다

□ 인테리어 업체를 알아보는 과정에서 홈페이지만 봐도 알 수 있는 대형 인테리어 업체들이 있다. 이런 업체는 설계팀 보유는 물론, 각종 건설 관련 자격을 보유하고 있어 건물 외부의 리모델링도 가능하다.

□ 공사 중 발생할 수 있는 허가·신고 대상에 해당되는 어려운 부분까지도 처리 가능하지만 동네의 작은 가게 인테리어를 의뢰하기에는 적합하지 않다. 대부분 호텔, 리조트, 컨벤션 센터 등 대형 건물의 로비나 기업의 사옥 인테리어를 하는 국내 순위권의 인테리어 회사이다.

□ 이런 회사와 우리가 하고자 하는 동네 빵집 인테리어를 비교하는 것 자체가 바람직하지 않다.

비용 절감도 중요하지만 좋은 결과를 만드는 게 우선

위의 1~5번 중 동네 빵집의 인테리어를 시공하기 적정한 업체규모는 2번과 3번이라고 할 수 있습니다. 내 가게를 한 땀 한 땀 손수 만들어 보겠다는 일생 일대의 꿈이 있거나, 공사 경험이 있다면 1번도 가능할 것입니다. 물론 나의 동네 빵집 인테리어에 돈을 아끼지 않겠다면 4번을 선택할 수도 있습니다.

공사비를 아끼기 위해 1번이나 2번을 선택하여 도전하는 창업자들을 종종 봅니다. 하지만 결국 더 많은 비용을 쓰게 되거나, 공사를 싸게 하지만 퀄리티가 엉망인 경우가 많습니다. 경험이 없고, 업계 사람이 아니라면 기술자나 감독자를 잘 알지 못합니다. 되도록 3번을 선택하고, 설계를 별도로 진행한 후 많은 노력과 조사를 통해 업체를 엄선하는 것이 안전합니다.

08

Menu, Price

메뉴와 가격 정하기

Key: 오픈 할 때 메뉴는 5가지를 넘기지 말아야 한다.

새로운 환경에 적응하지 못한 상태로 여러 종류의 빵을 생산하려면 체력적, 정신적으로 버거운 것은 당연하고, 일의 효율도 떨어진다. 빵 종류에 욕심을 내기보다는 품질에 집중한다.

혼자 일하는 제빵사가 메뉴 짜는 법

○ — 가짓수보다 품질이 우선이다

자신의 가게를 시작하는 만큼 이런 빵을 만들고, 저런 빵을 팔고 싶은 포부를 갖는 것은 당연하다. 그래서 오픈 초기부터 여러 가지 빵을 만들어 팔기 시작하는 이들이 많다. 빵의 종류가 다양하면 분명 잘 팔리지 않는 게 생기면서 도중에 그 메뉴를 빼게 된다. 그런데 꼭 그런 빵을 다시 찾는 손님이 있곤 한다. 메뉴가 들쑥날쑥 하는 것은 손님에게 달가운 현상이 아니다. 그러니 냉정히 판단하여 처음에는 종류보다 품질을 높이는 데 집중하자.

○ — 처음에는 3~5 종류만 판매한다

대부분의 사람들은 빵집에 메뉴가 15~20종류는 있어야 한다고 생각한다. 물론 장사가 안정되면 20종류 정도 구색을 갖추는 게 좋다. 하지만 오픈 직후에는 많은 종류를 고품질로 생산하기 어렵다. 새로운 환경에서 온전히 맛있는 빵을 완성하는 데에만 신경 써야 하므로 3~5종류면 충분하다. 적은 가짓수일지라도 손님의 입맛과 마음에 쏙 들도록 고품질의 빵을 조금씩 생산하는 게 가장 중요하다.

○ — 하루 매출 20~30만 원을 목표로 생산량을 정한다

3~5가지의 빵을 팔아 하루에 20~30만 원의 매출을 달성한다고 생각하여 빵 생산량을 정한다. 초보가 아닌 오너 셰프 경험이 있다면 하루 매출 40~50만 원을 목표로 잡아도 괜찮다. 처음에는 주방 동선이 익숙지 않고, 도구나 재료 준비가 미흡할 수도 있으며, 생산 속도도 느리고, 간혹 제빵 자체를 실패하는 경우까지 발생할 수 있다. 막상 가게 문을 열고 영업하다보면 물건 구입 같은 제빵 외의 일도 할 게 많다. 초보자로서 하루 20~30만 원어치의 매출 물량을 꾸준히 만드는 것은 물론이며 생산량을 유지하는 것도 쉽지 않다.

○ — 손님들이 갓 구운 빵을 맛볼 수 있게 한다

빵은 갓 구운 게 가장 맛있다. 같은 빵이라도 하루에 1차례 왕창 생산하지 말고 2~3차례 나누어 계속 구워 내자. 가게에 오는 손님들이 갓 구운 빵을 사갈 수 있는 시스템을 만들도록 한다. 이런 면에서도 빵의 가짓수는 적은 게 유리하다. 빵이 가장 맛있는 순간에 손님들이 맛보고 사갈 수 있도록 해야 입소문이 쉽게 나고, 초반 단골도 생긴다. 어쨌든 맛으로 승부를 내야 한다는 것을 잊지 말자.

○ — 메뉴는 개성이 넘치기보다 대중적으로

동네 빵집의 특성상 무조건 식빵 1종류는 있어야 한다. 그리고 오픈 당시에 유행하는 트렌디한 빵, 내가 잘 만들 수 있는 대중적인 맛의 빵 등을 추가로 구성한다. 내가 아주 맛있게 만들 수 있는 빵이라도 '호불호'가 극명한 빵은 초기 메뉴로 넣지 않는 게 좋다. 아껴 두었다가 메뉴를 늘릴 때 끼워 넣자. 동네 빵집의 초기 메뉴는 뛰어난 개성보다 대중적인 입맛을 맞추는 게 안전하다.

○ — 메뉴부터 짜고 알맞은 기계장비를 구성한다

앞서 이야기한 항목에 맞춰 메뉴를 짜본다. 자신있게 만들 수 있는 3~5가지 종류를 정했으면, 하루 매출 목표를 잡고 그에 맞춰 생산량을 정해본다. 그다음에 원하는 생산량을 안정적으로 만들어 낼 수 있는 기계장비를 선정한다. 빵의 생산량이 정해져야 반죽기의 용량과 오븐의 크기 등을 정할 수 있기 때문이다. 나의 매출 목표나 생산 수량에 비해 너무 과도한 기계장비를 들이면 비용 낭비가 생기고, 작은 장비를 들이면 추후에 수량 증대를 하기 어렵다.

메뉴는 물론 반죽 종류를 늘리지 말 것

오너 셰프가 운영하는 동네 빵집을 창업하고자 한다면 제품의 가짓수를 너무 많이 늘리지 말아야 합니다. 특히 반죽의 가짓수에도 주목하여야 합니다. 하나의 반죽을 가지고 여러 빵을 만들 수 있다는 걸 제빵사라면 알 것입니다. 우선은 반죽의 종류를 적게, 제품도 적게, 그 다음은 하나의 반죽으로 여러 종류의 제품을 만들어보세요. 그리고 모든 제품과 공정이 영업에 알맞도록 손에 익으면 반죽의 양도 늘리고, 가짓수도 늘려나가면 됩니다.

혹시 샌드위치를 판매한다면 무조건 아침에 완성해두고 판매해야 합니다. 하지만 빵집은 새벽부터 아침까지 가장 바쁘기 때문에 샌드위치 파트에 1명 이상의 별도 노동력이 필요합니다. 인건비를 생각해봐야할 문제입니다.

메뉴는 어느 시점에 늘려야 할까?

빵집은 일명 '오픈 빨'이 좋은 장사입니다. 초반에 손님이 몰린다고 그에 맞춰 매출 목표, 가짓수, 생산량을 늘리면 안 됩니다. 결국 자신의 능력치를 넘어서거나 체력에 한계가 와서 더는 버티지 못하는 지경에 이를 수 있습니다. 당연히 빵의 품질도 떨어져 자주 오는 손님까지 놓칠 수 있습니다.

처음에는 모든 것이 익숙하지 않더라도 한 달 정도 꾸준히 같은 시간, 같은 장소에서 같은 작업을 하면 실력이 늘 수밖에 없습니다. 빵의 품질이 일정해지고, 손님도 꾸준히 유지되어 빵이 부족해서 못 파는 시점이 반복 되면 그때 메뉴를 한 가지 늘리고, 목표 매출도 올려 잡아 봅니다.

내가 지금 만드는 빵의 기술과 수량에 익숙해져 새 메뉴가 추가되더라도 체력적으로 버겁지 않을 때 신메뉴를 추가합니다. 간혹 단골 손님이 메뉴 추가를 원할지라도 나의 업무 호흡과 흐름에 맞춰 천천히 생각해야 합니다. 2~4주 간격으로 1종류씩 추가하여 20종류까지 늘려가는 것이 오너 셰프로 오랫동안 빵집을 유지할 수 있는 노하우입니다.

혼자 일한다면 테이블 놓을 생각은 하지 말자!

동네 빵집의 가장 큰 장점은 손님들이 가게에 오래 머무르지 않고 빵을 구입한 후 바로 떠난다는 것입니다. 하루 종일 자유롭게 오가며 구입할 수 있는 곳이 아닌 정해진 시간에 가지 않으면 빵을 살 수 없다는 인식이 손님들에게 형성되는 게 중요합니다. 그러기 위해서는 빵을 미리 구워 하루 종일 판매하기보다는 정해진 시간에 정해진 양만큼만 판매를 해야 합니다. 동네 빵집은 테이크 아웃 전문점이니 손님이 일정 시간에 몰린다고 해서 나쁠 게 하나도 없습니다. 오히려 영업 효과가 더 좋다고 볼 수 있죠. '잘 준비하고, 싹 팔아 치우자' 그리고 제일 좋은 건 오픈 런!

빵의 가격 정해보기

단순하게 재료비만 생각해본다

빵 1개의 원가에는 재료비와 인건비, 전기세와 수도세 같은 공과금과 월세까지 포함시켜야 한다. 이렇게 원가를 계산하면 빵 판매가의 10~20%가 영업 이익이 된다. 하지만 현실적으로 그렇게 촘촘하게 계산하기는 어려우니 재료비만으로 판매가를 정한다. 재료비를 원가로 둔다면 그의 4~5배 정도를 판매가로 정하면 된다. 원재료비가 판매가의 25%를 넘으면 수익이 제대로 나기 힘드니 최소 20%, 최대 25%로 기준으로 잡자.

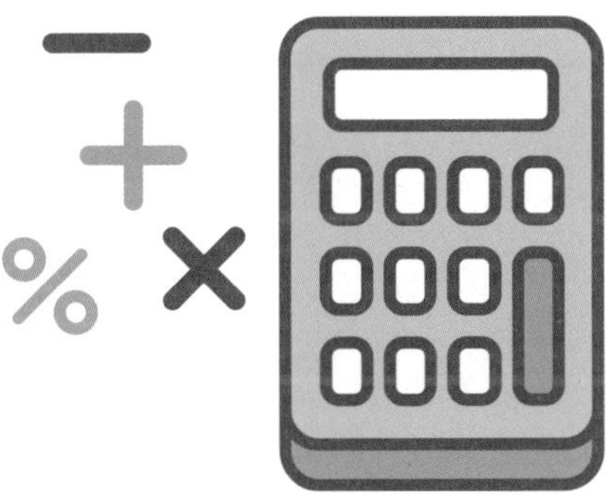

재료비에서 판매가 산출하는 법

밀가루, 소금, 설탕, 우유, 버터, 이스트 등 빵 반죽에 들어가는 각각의 원재료비를 더한다. 그리고 그 반죽으로 만들 수 있는 빵의 개수로 나누면 빵 1개의 원재료비가 나온다. 원재료비에 4~5를 곱하고, 포장비를 더해 빵 가격을 결정한다.

우유식빵 판매가격 정해보기

우유식빵 1배합 반죽의 원재료비 = 4,800원
위의 반죽으로 만들 수 있는 빵의 개수 = 3개
우유식빵 1개의 포장비 = 100원

4,800원 (반죽 원재료비) ÷ **3개** (만들 수 있는 빵의 개수) = **1,600원** (우유식빵 1개의 원재료비)

1,600원 (우유식빵 1개의 원재료비) X **4배** = **6,400원**

6,400원 + **100원** (빵 1개의 포장비) = **6,500원**

우유식빵 1개의 판매가격 = **6,500원**

제빵이 쉬운 건 4배, 복잡한 건 5배

생산성이 좋고 만들기가 수월한 빵은 원재료비의 4배로, 생산성이 좋지 않고 만들기도 까다롭고 손이 많이 가는 빵은 원재료비의 5배로 판매가를 정한다.

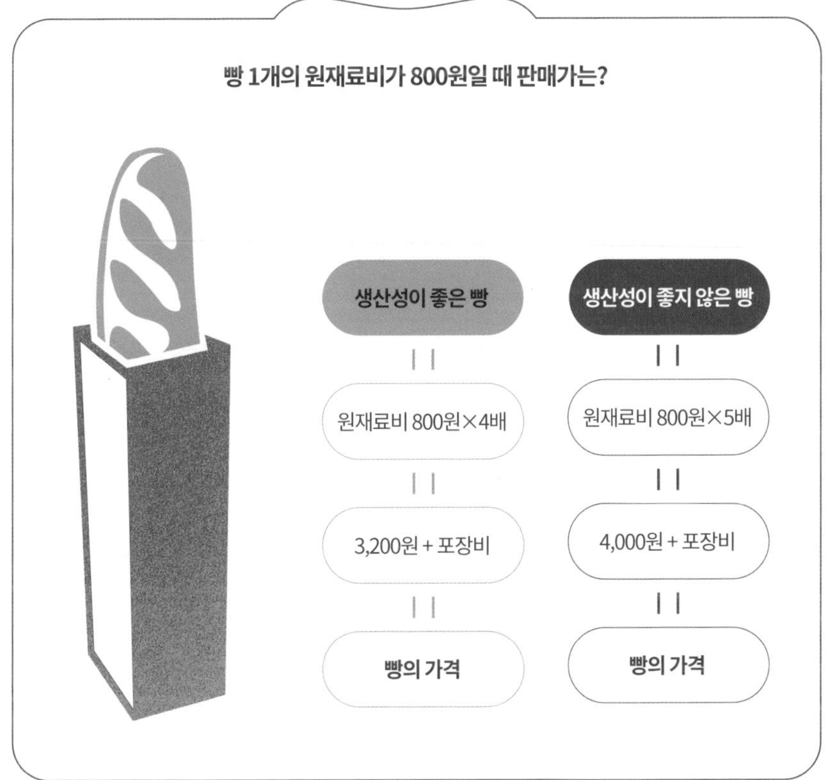

09

Equipments

기계장비 들이기

Key: 유경험자와 전문가에게 조언을 구하라

혼자 운영할 작은 동네 빵집을 여는 것이니 준비한 예산에 맞춰 효율적으로 장비를 구입해야 한다. 가격이 저렴하다는 이유로, 업체에서 추천하는 물건이라는 이유로 잘 알아보지도 않고 기계장비를 들여놔서는 안 된다.

나에게 알맞은 기계장비 결정하기

장비 욕심 부리지말자

오븐, 발효기, 반죽기, 도우컨디셔너, 냉장고, 냉동고, 제빙기 등 기계장비는 종류도 다양하고 가격도 비싸기 때문에 빵집을 오픈할 때 가장 많은 비용이 지출되는 부분이다. 오븐 1개만 구입해도 1억 원이 넘는 게 있을 정도로 기계장비의 가격은 다양하다. 물론 좋은 장비를 사용하면 좋겠지만 혼자 운영하는 동네 작은 빵집을 열면서 그렇게 투자하는 것은 현명하지 못한 선택이다.

기계장비 결정에 앞서 메뉴부터 구성한다

메뉴에 따라 기계장비가 달라져야 하므로 메뉴 없이 기계장비를 탐색하는 일은 시간 낭비이다. 나의 빵집에서 판매하려는 메뉴, 영업을 이어가며 늘릴 메뉴, 위험 부담이 있지만 시도해 볼만한 주특기 메뉴 등을 정리해본다. 제빵 목록을 정하는 건 신중해야 하나 결정은 되도록 빨리하는 게 좋다. 그만큼 기계장비에 대해 충분히 고민할 시간을 확보할 수 있기 때문이다.

오랜 경력의 제빵사에게 조언을 구한다

초보 제빵사라면 기계장비 구입 시 혼자서 결정하지 말고 반드시 경력과 경험을 갖춘 선배에게 조언을 구한다. 초보자는 다양한 기계장비를 사용한 경험이 적어 내가 판매하고자 하는 빵에 어떤 기계장비가 적합한지 판단하기 어렵다. 조언을 구하기 전에 하루 평균 매출 목표에 맞는 빵 생산량을 정해본다. 주변에 경력자가 없다면 기계장비를 판매하는 업체로부터 조언을 받되 그곳에서 정해준 대로 따르기 보단 참고만 한다. 왜냐하면 기계장비를 판매하는 이들은 기계에 대해서는 알 수 있으나 제빵사는 아니기 때문이다.

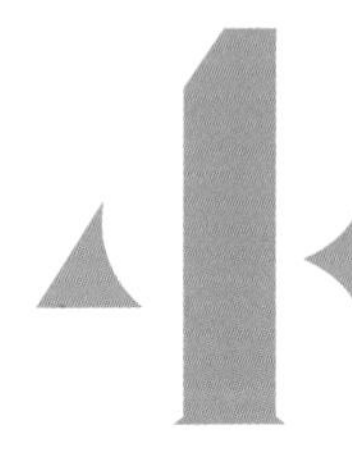

냉기가 나오는 장비는 반드시 새것으로 산다

도우컨디셔너, 냉장고, 냉동고, 쇼케이스 등 냉기가 나오는 장비는 되도록 중고는 피한다. 냉기가 나오는 제품은 오랫동안 사용을 멈추면 문제가 생길 확률이 높기 때문이다. 처음에는 문제가 없어 보이더라도 사용할수록 미세한 가스 누출 등의 고장이 종종 발생한다. 고장이 반복되면 새 제품을 사는 것보다 수리 비용이 더 들 수도 있다. 게다가 상태가 좋은 중고는 새 것과 가격 차이도 많이 나지 않는다.

가능하면 새 것을 구매해야 이득이다

오븐과 반죽기는 상태가 좋다면 중고를 구매해도 되지만 가능하면 새 것을 택하자. 중고는 A/S가 어려울 뿐 아니라 사용 중 문제가 생길 확률이 높다. 기계장비 문제는 영업에 차질과 손실로 직결된다. 하루이틀 내에 고칠 수 있으면 다행이지만 문제 해결까지 시간이 걸리면 그만큼 영업에 지장이 생긴다. 이 모든 것을 따져봤을 때 조금 무리가 되더라도 새 기계장비를 구입하는 게 낫다. 만약 예산이 부족해서 중고를 찾는 중이라면 냉각 제품 대신 오븐, 반죽기, 파이 롤러 쪽을 살펴본다.

오븐과 반죽기는 가능한 고품질로 구입한다

모든 기계장비가 중요하지만 오븐과 반죽기 만큼은 제일 좋은 것을 구입하자. 아무리 제빵사의 기술이 좋아도 반죽기와 오븐은 품질 좋은 빵 즉, 맛있는 빵을 만드는데 매우 중요한 역할을 한다. 반죽기가 최우선, 그 다음이 오븐이라고 볼 수 있다. 반죽 상태가 좋지 않으면 아무리 좋은 오븐에 구워도 맛있는 빵을 얻을 수 없다. 실력이 좋은 제빵사일수록 오븐과 반죽기에는 돈을 아끼지 않는다.

기계장비 업체 선정은 어떻게?

가장 중요한 것은 오븐이다. 오븐부터 결정하고, 그 오븐을 판매하는 업체에서 나머지 기계장비를 구매하면 된다. 국내 장비는 쉽게 구할 수 있지만 수입 장비는 브랜드에 따라 독점 계약을 한 업체가 있으니 상세히 알아본다. 기계장비는 한 업체에서 모두 구입하면 금액 할인도 받을 수 있고 A/S도 수월하다.

만약 내가 A브랜드의 오븐을 구매하고자 한다면 A브랜드로부터 모든 장비의 견적을 한꺼번에 요청해 받는다. 또한 나의 작업 동선에 따라 장비의 동선을 설계할 수 있는 업체인지도 살펴본다. 동선 설계가 가능하다면 업체 또는 업체 관계자가 제빵과 장비에 대해 잘 알고 있으므로 신뢰해도 좋다는 청신호와 같다.

새 제품과 중고 제품을 섞어서 구매하고 싶다면?

반죽기, 오븐, 냉각 기능이 있는 것은 되도록 새 것을 구입하자. 나머지 기계장비를 중고로 사고 싶다면 중고 전문 업체를 통해 구입하는 게 안전하고 편리하다. 왜냐하면 기계장비 이동과 설치를 업체에서 책임지고 해주며, 보통 A/S 기간도 6개월 정도로 안정적이기 때문이다. 개인이 일일이 별도 구매하면 설치 시 인건비가 따로 들 수 있고, A/S 역시 받을 수 없다.

기계장비 입고 스케줄 짜기

○ — 기계장비는 되도록 빨리 확정한다

수입제품은 상황에 따라 2~5개월 동안 기다려야 할 수도 있어 최악의 경우 오픈 날짜 뒤에 물건을 받을 수도 있다. 국내제품은 견적부터 받아 두고, 마지막까지 예산이나 공간 상황에 따라 결정을 조금 천천히 해도 상관없다. 그러나 장비의 스펙에 따라 전기 증설 여부나 인테리어 설계도 참고해야 하며, 무엇보다 예산을 좌지우지하는 요소이기 때문에 빨리 결정하는 게 좋긴 하다.

○ — 계약은 서두르고, 입고는 천천히

인테리어 설계 시에는 기계장비의 크기와 위치가 중요하니 기계장비는 빠르게 결정하여 계약하고, 입고는 인테리어가 완료된 후로 천천히 한다. 또한 주방 설계가 완료되면 작업 및 기계장비 동선을 다시 한 번 확인할 수 있게 실제 공간의 크기를 장비 업체에 공유하고 의견을 묻는다. 장비 대금은 보통 계약 시 50%를 지급하고 설치 완료 후 나머지 50%를 지급한다.

○ — 장비 세팅 직후 시운전할 수 있게 준비한다

모든 인테리어가 마무리되면 기계장비를 입고하는데, 그 전에 전기 증설에 따른 한국전력의 사용 승인, 즉 380V 전기 사용 승인이 필요하다. 한국전력에 신청한 전기 증설은 계량기까지의 증설 공사이므로 그에 따른 나머지 전기 공사는 인테리어 시공 시 이루어진다. 그러므로 전기 공사가 제대로 완료되어 있어야 한국전력에서 승인을 해준다.

기계장비가 설치 후 바로 작동시켜 볼 수 있게 전기 사용 승인이 완료되어 있어야 한다. 승인 신청은 전기 공사를 한 기술자나 인테리어 시공 업체에서 해주나 장비 입고 전에 승인이 날 수 있도록 반드시 스스로 확인한다.

○ — 기계장비는 판매 업체가 설치한다

기계장비는 판매한 업체가 직접 와서 설치하는 게 원칙이다. 모든 인테리어가 끝난 뒤에 기계장비가 들어와야 하기 때문에 사전에 꼼꼼한 일정 조율이 필요하다. 유기적인 장비 입고를 위해서는 인테리어 업체와 장비 업체를 연결해 서로 일정을 맞추는 게 가장 좋다.

오븐도 길들이는 시간이 필요하다

가게에서 사용할 오븐을 구입했다면 바로 사용해보는 게 좋습니다. 오븐 회사마다 상세한 매뉴얼이 있으니 그것에 따라 오븐 온도를 세팅할 수 있습니다. 평소 하던 대로 빵을 구워도 새 오븐을 사용하면 빵 색깔이 연하게 나올 수 있습니다. 오븐이 길들여지기 전에는 색이 잘 나지 않는 경우가 많습니다. 이럴 때는 오븐의 온도를 조금 올려보세요. 반대로 처음에는 색이 알맞게 나오다가 갈수록 빵 색이 진해질 수도 있습니다. 이럴 때는 오븐의 온도를 조금 내려봅니다. 이런 과정으로 오븐을 길들이기까지 2~3달은 걸린다고 생각하며 작업하세요.

냉장·냉동고 고르기, 반죽기 갖춰두기

냉장·냉동고는 크게 2가지로 나뉜다. 직냉식(직접냉각방식), 간냉식(간접냉각방식)이다. 직냉식은 가격이 저렴하나 위아래, 앞뒤의 온도차가 심하고, 간냉식은 가격이 비싸지만 위아래, 앞뒤의 온도차가 적은 편이다. 재료 보관용으로만 사용하려면 온도차가 생기는 직냉식도 상관 없지만 빵반죽을 냉장 혹은 냉동하려면 내부 온도차가 큰 제품은 피해야 한다. 제품의 품질에 영향을 미칠 수 있기 때문이다. 식당 같은 곳은 직냉식, 베이커리 주방은 간냉식을 선택하는 게 일반적이다.

반죽기는 최소 2대가 필요하다. 스파이럴 반죽기 1대, 버티컬 반죽기 1대는 꼭 준비하자. 반죽기의 용량은 메뉴와 하루 생산량에 따라 결정하면 된다.

10

Tools, Ingredients

소도구와 재료 준비하기

Key: 강조하고 또 강조한다. 일의 순서를 기억하자.

1. 인테리어 마무리
2. 기계장비 입고 및 설치
3. 소도구 입고 및 정리
4. 포장 재료 입고 및 정리
5. 원재료 입고 및 정리

나에게 필요한 소도구 준비하기

○ — 필요와 구입처에 따라 목록을 나눠본다

주방과 매장에서 필요한 소도구가 워낙 많기 때문에 목록을 미리 만들어 두는 게 좋다. 우선 제빵에 필요한 것과 매장에서 판매 시 사용할 것을 구분 짓는다. 다음엔 베이커리 전문 소도구 업체에서 구매할 것과 마트나 인터넷 등에서 구매할 것을 구분 지어 본다.

○ — 발주와 입고 시점도 고려하여 주문한다

정리한 목록 중 인터넷으로 구매할 물품은 시간 날 때마다 검색하여 장바구니에 담아둔다. 베이커리 전문 소도구 업체에 발주할 물품은 정리한 목록을 업체에 전달하고, 견적을 받아 둔다. 빵집 문을 열기 15일 전에 발주하는 것을 염두에 두되, 반드시 기계장비가 세팅된 후에 입고하는 것으로 계약한다. 기계장비 세팅 일정에 차질이 생기면 소도구 입고도 늦춰야 한다.

○ — 코팅 제품은 반드시 좋은 것을 구매한다

가격이 저렴한 코팅 제품은 코팅 자체가 말끔하게 되어 있지 않거나, 몇 번 사용하지 않았음에도 눈에 띌 정도로 벗겨지는 일이 종종 있다. 디자인과 재질이 같아 보여도 가격에 따라 품질의 차이가 크다. 빵철판, 식빵틀, 빵틀처럼 코팅이 되어 있는 모든 제품은 가격이 조금 비싸더라도 좋은 제품을 구매해야 한다.

주방 소도구

품목	수량
☐ 462 코팅 빵철판 AL	( )
☐ 실내 온/습도계	( )
☐ 제품 네임택	( )
☐ 462 비코팅 빵철판 AL	( )
☐ 바게트칼 산능	( )
☐ 빵 집게	( )
☐ 식칼	( )
☐ 462 비코팅 타공팬 AL	( )
☐ 빵 트레이	( )
☐ 빵칼	( )
☐ 46 채반	( )
☐ 나무 밀대 중 405*40	( )
☐ 각대봉투 대	( )
☐ 도마	( )
☐ 46 바게트 발효 채반	( )
☐ 밀대 미니 20*450	( )
☐ 각대봉투 중	( )
☐ 휴지	( )
☐ 46 테프론 시트 580*380 10ea	( )
☐ 독일 뽀족과도 200	( )
☐ 각대봉투 소	( )
☐ 물티슈	( )
☐ 46 나무 발효판	( )
☐ 벨가위 250	( )
☐ L자 봉투 대	( )
☐ 핸드타올	( )
☐ 바게트 뜨개 400*130	( )
☐ 비닐 짤주머니 14인치	( )
☐ L자 봉투 소	( )
☐ 핸드타올 디스펜서	( )
☐ 발효 바구니 - 타원 230*145*85	( )
☐ 짤주머니 24 인치	( )
☐ 스티커 종류	( )
☐ 쓰레기통 대,중,소	( )
☐ 발효 바구니 - 원형 200*90	( )

- ☐ 초콜릿 나무 스크래퍼 ( )
- ☐ 택 종류 ( )
- ☐ 쓰레기통 비닐 ( )
- ☐ 미니 원형틀 120*35 ( )
- ☐ 5단 파이칼 ( )
- ☐ 포장 opp 종류 ( )
- ☐ 청소도구 세트 ( )
- ☐ 2/1 식빵틀 ( )
- ☐ 7단 파이칼 ( )
- ☐ 쇼핑백 2종 ( )
- ☐ 계산기 ( )
- ☐ 2/1 식빵틀 뚜껑 ( )
- ☐ 캔따개 ( )
- ☐ 포장용품 정리함 ( )
- ☐ 영수증 관리 세트 ( )
- ☐ 스텐볼 2 / 1호 210*90 ( )
- ☐ 구떼 도레 브러쉬 ( )
- ☐ 스템프 ( )
- ☐ 손 세정제 ( )
- ☐ 스텐볼 2 / 3호 270*90 ( )
- ☐ 깍지 895번 스텐 ( )
- ☐ 끈 타이 ( )
- ☐ 방수 대일밴드 ( )
- ☐ 스텐볼 2 / 5호 330*110 ( )
- ☐ 깍지 232번 슈크림 구멍 ( )
- ☐ 우산꽂이 ( )
- ☐ 골무 ( )
- ☐ 스텐볼 2 / 7호 390*130 ( )
- ☐ 깍지 801 ( )
- ☐ 발매트 ( )
- ☐ 구급용품 세트 ( )
- ☐ 스텐볼 2 / 9호 450*160 ( )
- ☐ 깍지 803 ( )
- ☐ 매장행주 ( )
- ☐ 고무장갑 ( )
- ☐ 가루뜨개 스텐 중 120 ( )
- ☐ 깍지 806 ( )
- ☐ 필기도구 세트 ( )
- ☐ 라텍스 장갑 ( )
- ☐ 가루뜨개 스텐 대 145 ( )
- ☐ 깍지 브러쉬 꼬깔 ( )
- ☐ 도마 ( )
- ☐ 스텐체(얼개미) 거친망 360*120 ( )
- ☐ 케익 테스터 ( )
- ☐ 냅킨 ( )
- ☐ 스텐체(얼개미) 중간망 360*120 ( )
- ☐ 카드 PP ( )
- ☐ 일회용 물티슈 ( )
- ☐ 자루분당체-일 중 80*190 ( )
- ☐ 스크래퍼 PP ( )
- ☐ 광목천 ( )
- ☐ 실리콘 스크래퍼 (주황) ( )
- ☐ 타르트팬 3호 200*20 ( )
- ☐ 스패튤라-일본 7인치 ( )
- ☐ 만능건지개 ( )
- ☐ 스패튤라-일본 9인치 ( )
- ☐ 발효비닐 (대) ( )
- ☐ 발효비닐 (중) ( )
- ☐ 캐플러 대 ( )
- ☐ 치즈 그레이터 ( )

- ☐ 백색 밀폐용기 3호 ( )
- ☐ 오븐장갑 ( )
- ☐ 백색 밀폐용기 4호 ( )
- ☐ 스텐자 1000 ( )
- ☐ 백색 밀폐용기 5호 ( )
- ☐ 스텐자 600 ( )
- ☐ 백색 밀폐용기 6호 ( )
- ☐ 스텐자 500 ( )
- ☐ 계량컵 250ml ( )
- ☐ 스텐자 300 ( )
- ☐ 계량컵 1L ( )
- ☐ 알뜰주걱 대 ( )
- ☐ 계량컵 3L ( )
- ☐ 알뜰주걱 특대 ( )
- ☐ 계량컵 5L ( )
- ☐ 나무주걱 ( )
- ☐ PC 밧드 4인치 풀 ( )
- ☐ 실리콘 주걱 소 200 ( )
- ☐ PC 밧드 4인치 풀 뚜껑 ( )
- ☐ 실리콘 주걱 소 290 ( )
- ☐ PC 밧드 4인치 1/2 ( )
- ☐ 전자저울5~15kg (1g단위)(계량용) ( )
- ☐ PC 밧드 4인치 1/2 뚜껑 ( )
- ☐ 전자저울2~7kg(1g,) ( )
- ☐ 주방행주 ( )
- ☐ 타이머 ( )
- ☐ 스텐냄비 ( )
- ☐ 전자저울5~15kg (1g단위)(계량용) ( )
- ☐ 찜기 ( )
- ☐ 전자저울2~7kg(1g,) ( )

- ☐ 도마 ( )
- ☐ 타이머 ( )
- ☐ 목장갑 ( )
- ☐ 반죽 온도계 ( )
- ☐ 600*800 자작나무 합판 9t ( )
- ☐ 다회용 플라스틱 통 (종류별) ( )
- ☐ 600*400 자작나무 합판 9t ( )
- ☐ 크루아상 재단 칼 ( )
- ☐ 600*800 낙엽송 합판 4.5t ( )
- ☐ 거품기 미니 세트 2종 ( )
- ☐ 600*400 낙엽송 합판 4.5t ( )
- ☐ 거품기 소 (매트퍼) ( )
- ☐ 소스통 (오일용) ( )
- ☐ 거품기 중 (매트퍼) ( )
- ☐ 랩 ( )
- ☐ 거품기 대 (매트퍼) ( )
- ☐ 랩커터 ( )
- ☐ 토치 ( )
- ☐ 주방세제, 수세미 등 ( )
- ☐ 분무기 ( )
- ☐ 롤팩 대,중,소 ( )

매장

품목	수량
☐ 제품 네임택	(　)
☐ 빵 집게	(　)
☐ 빵 트레이	(　)
☐ 각대봉투 대	(　)
☐ 각대봉투 중	(　)
☐ 각대봉투 소	(　)
☐ L자 봉투 대	(　)
☐ L자 봉투 소	(　)
☐ 스티커 종류	(　)
☐ 택 종류	(　)
☐ 포장 opp 종류	(　)
☐ 쇼핑백 2종	(　)
☐ 포장용품 정리함	(　)
☐ 스템프	(　)
☐ 끈 타이	(　)
☐ 우산꽂이	(　)
☐ 발매트	(　)
☐ 매장행주	(　)
☐ 필기도구 세트	(　)
☐ 도마	(　)
☐ 냅킨	(　)
☐ 일회용 물티슈	(　)

공용

품목	수량
☐ 식칼	(　)
☐ 빵칼	(　)
☐ 도마	(　)
☐ 휴지	(　)
☐ 물티슈	(　)
☐ 핸드타올	(　)
☐ 핸드타올 디스펜서	(　)
☐ 쓰레기통 대,중,소	(　)
☐ 쓰레기통 비닐	(　)
☐ 청소도구 세트	(　)
☐ 계산기	(　)
☐ 영수증 관리 세트	(　)
☐ 손 세정제	(　)
☐ 방수 대일밴드	(　)
☐ 골무	(　)
☐ 구급용품 세트	(　)
☐ 고무장갑	(　)
☐ 라텍스 장갑	(　)

수많은 소도구를 정리하는 방법

○ — 반드시 기계장비 설치 후에 입고한다

주방과 매장에서 사용할 소도구는 가짓수만 해도 1백여 가지가 훨씬 넘는다. 이 많은 물품이 가게 기계장비 설치 전에 입고되면 장비 설치 시 이리 저리 옮기느라 방해만 된다. 그렇기 때문에 인테리어 마무리 후 기계장비 설치가 완벽하게 끝난 뒤에 입고되어야 한다. 만약 중간중간 조금씩 구매하는 물품이 있더라도 절대 가게에 가져다 놓지 않는 게 좋다.

○ — 소도구 중에도 입고 우선 순위를 정한다

우선 주방에서 사용할 소도구 먼저 들여온다. 그 다음 매장 소도구, 포장지 등의 소모품 순으로 들여오는 게 좋다. 구매처가 여러 군데로 나눠지지 않는다면 주방 소도구 구매 비율이 높은 베이커리 전문 업체의 물건부터 받도록 한다. 모든 물품은 받는 즉시 검수하고 정리 정돈한다. 절대 무더기로 구석에 쌓아 두어서는 안 된다.

○ — 주방 소도구는 설거지 후 제자리에 둔다

주방 소도구 중 철판이나 믹싱 볼 등의 스테인리스 스틸 제품은 반드시 연마제를 사용해서 닦은 뒤 깨끗하게 헹구고 말려서 제자리에 둬야 한다. 나머지 주방 소도구 또한 모두 깨끗이 씻어 말린 다음 정리 정돈하여 놓는다.

○ — **매장 용품은 자리만 잡아 둔다**

주방부터 정리한 뒤 매장 용품을 정리한다. 빵 진열에 필요한 쟁반이나 바구니, 집게, 유산지, 도마, 빵칼, 앞치마, 우산꽂이, 발판, 청소용품 등 매장 관련 도구나 소품은 입고 즉시 제자리를 찾아 놓아 둔다. 대신 빵 진열에 필요한 소품을 미리 나열해두면 먼지가 쌓이니 한 곳에 모아두었다가 프리 오픈 전에 한 번 닦아 정리한다.

○ — **포장용품은 보이지 않게 수납한다**

손님이 드나드는 매장은 늘 깔끔하게 정리되어 있어야 한다. 하지만 포장에 필요한 봉투, 상자, 스탬프, 스티커 등의 소모품은 깔끔하게 정리한다 하더라도 눈에 띄는 곳에 놓으면 시선이 분산돼 손님들이 빵에 집중하지 못한다. 자잘한 소모품은 최대한 보이지 않되 꺼내 쓰기 쉬운 곳에 숨겨 둔다. 매대 근처에 포장지를 숨겨둘 공간이 부족하다면 하루에 사용할 정도만 꺼내 두도록 한다.

식재료 발주하고 정리하기

○ — 식재료는 가장 마지막에 등장해야 한다

모든 소도구와 소모품의 정리정돈을 마치고 주방과 매장이 깔끔하게 정리된 상태에서 식재료가 들어와야 한다. 만약 내일이 원재료가 도착하는 날이라면 오늘은 모든 정리를 끝마쳐야 한다. 혹시라도 정리가 덜 되었다면 밤을 세우더라도 반드시 마쳐야 한다.

○ — 냉장고, 냉동고가 정상 가동 중이어야 한다

원재료는 밀가루나 설탕, 소금처럼 실온 보관이 가능한 재료도 있지만 버터, 달걀, 우유, 생크림처럼 반드시 냉장이나 냉동을 요하는 재료도 많다. 기계장비 설치 후 여러 장비를 사용해볼 때 냉장고와 냉동고 역시 전원을 켜 정상 작동하는 지 반드시 확인해야 한다. 냉장고와 냉동고는 설치 후 내부의 선반까지 정리한 다음 전원을 켜 계속 작동시켜본다. 전원부터 켠 상태에서 문을 열어두고 선반 정리를 하지 말라는 이야기이다.

○ — **베이커리 전문 재료상 알아보기**

베이킹에 필요한 모든 원재료를 판매하는 베이킹 전문 도매상과 거래를 한다. 도매상에 발주를 넣으면 직접 가게까지 배달해주기 때문에 일일이 재료를 구매하러 다니느라 시간과 힘을 빼지 않아도 된다. 혹 나의 가게와 가까운 도매상을 알고 싶다면 원재료 수입상에 전화로 문의하면 된다. 내가 속한 지역에서 수입상이 관리하는 재료를 사용하고자 하니 가까운 도매상을 알려 달라고 하면 수입사로부터 정보를 받을 수 있다.

○ — **일주일 단위로 발주한다**

빵집은 일주일 단위로 재고 관리를 하며 운영한다고 생각하면 된다. 오픈 초기에는 일주일에 1번 혹은 2번 정도 재료를 발주한다. 이후 생산량이 늘어나면 일주일에 3번 정도 발주하면 된다.

11

Sales System

영업 준비하기

Key: 영업일은 적게, 영업시간은 짧게

작은 빵집이라도 영업을 위해 준비할 것이 한두 가지가 아니다. 정식 오픈을 하기 전에 영업 시스템을 미리 검토하고 사용법 등을 충분히 익혀 만반의 준비를 하도록 한다.

30
min

인터넷, 전화, 보안 시스템 준비하기

○ — 인테리어 시공 전에 신청

인테리어 시공 전에 인터넷과 전화, CCTV 업체를 정해서 신청한다. 인테리어 시공 업체가 선정되면 인터넷과 전화, CCTV의 각 담당자와 시공 업체의 현장 책임자가 서로 소통할 수 있게 하여 작업 날짜를 조율할 수 있게 한다.

○ — 기계장비 설치 후에 설치

인터넷과 전화, CCTV는 인테리어 시공 초반에 연결선 작업이 마무리돼야 선들이 깔끔하게 정리될 수 있다. 연결 선 외의 기계 설치 등은 인테리어 마무리 후 모든 기계장비가 제자리를 찾은 다음에 하도록 한다.

결제 시스템과 장비 준비하기

○ — 포스 단말기는 선택이 아닌 필수이다

현금 결제, 카드 결제, 분할 결제, 현금영수증, 지출증빙, 계산 등의 결제 시스템뿐 아니라 매출 통계까지 다양한 업무를 담당하는 포스 단말기는 가게 운영에 있어서 꼭 필요하다. 포스 단말기는 매장 정리가 모두 끝난 후에 바로 설치한다. 포스 업체는 고객 센터와 연결이 원활하고 담당자와의 소통이 중요하므로 되도록 규모가 큰 곳을 선정하는 게 좋다.

○ — 오픈 2주 전부터 계약과 설치를 준비한다

포스 단말기를 설치하면 현금 결제나 계산은 가능하지만 카드 결제는 바로 안 된다. 카드사 8군데에 가맹점 등록을 먼저 해야 한다. 카드 가맹점 신청은 포스 업체에서 진행해준다. 가맹점 등록은 카드사마다 소요되는 기간이 다르나 평균 3~5일 정도 걸린다. 그러니 소프트 런칭 7~10일 전, 혹은 기계장비 설치가 끝나면 바로 포스 업체와 계약을 진행해야 한다. 포스는 신청 후 7~10일 내에 단말기 설치 및 교육이 가능하다.

○ — 교육받을 때 영상을 촬영해 둔다

메뉴 등록, 마감 정산, 일반 결제 및 분할 결제, 결제 취소, 현금영수증이나 지출증빙 발행 등 포스의 여러 기능을 정확하게 다룰 줄 알아야 한다. 하지만 사용 경험이 없으면 메뉴얼을 보더라도 어려울 수 있다. 포스 사용이 익숙하지 않아 발생하는 문제에 대처하기 위해서는 포스 설치 후 업체로부터 교육을 받을 때 영상을 촬영해 두면 요긴하다.

○ — 백업 단말기를 구비해 둔다

갑자기 포스 단말기가 문제를 일으킬 때를 대비하여 백업 단말기를 구비해 두는 것이 좋다. 메인 포스기는 인터넷 선만 연결되는데, 백업 단말기는 인터넷 선과 전화선이 함께 연결된다. 인터넷 문제로 포스기가 작동하지 않을 때 백업 단말기를 연결하면 전화선을 통해 카드 승인을 받을 수 있다.

○ — 개업 초기에는 현금도 준비한다

요즘에는 카드 결제가 대부분이기는 하지만 동네 어르신들은 개업 집에서는 현금을 사용해야 한다고 생각하시는 분들이 계시다. 개업 초기에는 현금 결제하는 손님을 위해 거스름 돈(지폐와 각각의 동전)을 여유 있게 준비해 두는 것이 좋다.

○ — 개인사업자 포스 신청 필요 자료

- ☐ 사업자등록증 사본
- ☐ 영업신고(허가)증 사본
- ☐ 대표자 신분증 사본
- ☐ 대표자 명의 통장(또는 사업자 통장) 사본
- ☐ 가게 간판과 출입구가 보이는 외부 사진
- ☐ 다른 각도로 찍은 내부 사진 2장

결제 단말기는 뭐가 좋을까?

크기가 작고 디자인이 예쁘다는 이유로 태블릿 형태의 포스 단말기를 사용하기도 하는데, 화면이 작아 불편할 수 있습니다. 게다가 무선 단말기는 오류가 생기는 경우도 있어서 영업에 지장을 주기도 하죠. 화면이 큰 일반적인 형태의 단말기 사용을 추천합니다.

유니폼 준비하기

○ — 앞치마와 모자는 꼭 착용한다

유니폼이나 조리복은 선택 사항이다. 주방에서는 항상 깔끔한 복장을 입고 조리복은 안 입더라도 앞치마는 꼭 착용하자. 그리고 주방에서 작업 시 모자는 필수이다. 모자를 착용하지 않아 단속에 걸리면 벌금을 낼 수도 있다. 앞치마는 깔끔한 것으로 가게의 분위기와 어울리는 컬러를 선택해서 착용하는데, 손님을 맞이하는 매장 직원도 앞치마를 입는 것이 한결 깔끔하고 청결해 보인다. 앞치마는 여벌을 고려해서 오너 셰프 것 2개, 매장 직원 것 2개 이렇게 4개 정도 준비한다.

○ — 앞치마에 로고를 새긴다

앞치마는 기성품을 사용하거나 주문 제작을 하거나 크게 상관은 없지만, 가게 로고를 새겨 넣으면 우리 가게의 이미지를 좀 더 확실히 알릴 수 있다. 기계 자수를 전문으로 하는 업체에 로고 디자인 파일과 앞치마를 전달하면 로고를 새겨준다.

직원 또는 파트타이머 모집하기

○ — 초보 오너 셰프 혼자서는 무리이다

오너 셰프 혼자서 가게를 운영하는 건 무리이다. 특히 초보인 경우는 더 그렇다. 빵 만드는 데 집중해도 모자랄 판에 매장에서 손님까지 응대하려면 여러 가지로 벅찰 수밖에 없다. 초기에는 금전적으로 무리가 되더라도 판매를 맡아 줄 직원이나 파트타이머를 고용하는 게 장기적으로는 보면 낫다.

○ — 믿을 만한 지인과 함께 일한다

초보 오너 셰프는 되도록 아는 사람을 고용하는 게 좋다. 오픈 초기에는 시스템이 제대로 갖춰져 있지 않고, 손발 맞추기가 어려워 직원이든 파트타이머든 금방 그만두는 경우가 비일비재하기 때문이다. 부부가 함께(한 사람은 제빵을, 다른 한 사람은 판매를 맡아) 빵집을 운영하는 게 여러 가지 면에서 가장 좋은 방법이지만, 현실적으로 어렵다면 믿고 의지할 수 있는 가족이나 지인에게 함께 일 할 것을 권해본다. 전혀 모르는 사람을 고용해야 한다면, 처음 2~3주 간은 당일 판매할 빵을 오전에 모두 만들어두고 직원과 함께 판매를 하는 게 낫다.

○ — 개업 한두 달 전에 모집 공고를 낸다

직원이든 파트타이머든 일할 사람을 구하는 건 쉽지 않다. 개업에 임박하여 모집 공고를 내면 제때 직원을 구하지 못할 수도 있다. 적어도 개업 한두 달 전에는 구인구직 플랫폼에 구인 공고를 올린다. 가게 앞에 모집 공고문을 붙여 두는 것은 좋은 아이디어가 아니다. 동네 주민을 고용할 경우 오히려 불편한 사항이 발생할 수도 있기 때문이다. 가급적 구인구직 플랫폼을 이용하고, 1차 서류 심사도 꼼꼼하게 한다.

○ — 개업일 전에 직원과 함께 가게를 정리한다

개업 전에는 소도구 정리, 매장 정돈, 청소 등 해야 할 일이 많은데, 도와주는 사람 없이 혼자서는 하기 힘들다. 제빵 소도구 중 철판, 믹싱볼 등 금속이나 스테인리스 제품은 연마제를 사용해 표면의 잔여물을 깨끗하게 제거해야 하고, 나머지 제빵 소도구도 설거지 후 건조해서 정리정돈 해야 한다. 이삿짐을 정리하는 것처럼 할 일이 무척 많다. 그러니 직원은 기계장비 설치가 모두 끝난 시점부터 출근하는 게 가장 좋다.

운영 시간 확정하기

○ — 가게의 위치와 유동인구를 고려한다

유동인구가 몰리는 시간에 가게 문을 열어야 한다. 무조건 사람이 많이 오가는 시간이기 보다는 내 가게에 들어와 빵을 구입할 만한 사람들이 많이 지나가는 시간을 파악해야 한다. 예를 들면, 주거지가 많은 동네의 버스 정류장 앞이 가게라면 출근 시간보다는 퇴근 시간을 공략하고, 업무 오피스가 많은 위치라면 출근 시간을 공략한다. 또한 주거지역은 주말 매출이 더 좋으니 평일을 휴무일로 정하고, 반대로 오피스지역은 평일 매출이 좋으니 주말을 휴무일로 정한다.

○ — 시간보다 매출을 생각한다

영업 3시간 안에 '솔드 아웃'할 수 있는 양만 생산하는 것도 중요하다. 오픈 초기의 하루 목표 매출인 20~30만 원을 달성하기에 2~3시간이면 충분하다. 만약 손님이 줄을 선다면 1시간만에도 가능하다. 가게 문을 오래 열어 둔다고 많이 팔리는 것이 아님을 명심한다.

○ — 평균 노동 시간은 하루 12시간이다

오전 10시에 문을 연다면 새벽 5~6시에는 나와서 준비를 해야 한다. 매장 문을 닫은 후에도 다음날 판매할 빵의 반죽을 미리 준비해야 하고, 뒷마무리까지 하면 오후 5~6시쯤 퇴근하게 된다. 판매 시간은 3시간이지만 내가 실질적으로 일하는 시간은 11~12시간임을 기억해야 한다.

○ — 일주일에 2일은 영업하지 않는다

일주일에 하루 가게 문을 닫는다고 해도 온전히 쉴 수 있는 건 아니다. 만약 월요일이 정기휴무라도 월요일 저녁에는 가게에 나와 화요일에 판매할 빵 반죽을 준비해야 하기 때문이다. 그러니 주 6일 영업은 체력적으로 버티기 힘드니 주 5일만 문을 여는 게 좋다. 주 4일 영업도 추천한다.

처음에는 영업일과 영업시간을 짧게 잡고 제빵, 판매, 손님 응대 등 여러 가지 면에 적응되면 그때 영업일과 영업시간을 늘리면 된다. 처음에 오래, 자주 문을 열다가 나중에 영업일과 시간을 줄이면 손님들이 헛걸음하게 되는 일이 생긴다.

빵 나오는 시간을 공지해야 할까?

빵은 갓 나왔을 때 맛이 좋으니 손님들에게 빵 나오는 시간을 알리는 게 좋을지 라는 질문을 많이 받습니다. 1차 생산하는 빵은 약속한 시간을 맞출 수 있지만, 2~3차로 생산하는 빵은 시간에 딱딱 맞춰 내는 게 쉽지 않습니다. 손님의 수, 날씨, 매장 상황 등 매일의 상황이 다르기 때문이죠. 게다가 만들어 놓은 빵은 10개인데, 시간에 맞춰 온 손님이 그 이상이면 오히려 불만의 요소가 될 수 있습니다. 그러니 빵 나오는 시간은 일일이 알리지 않는 게 더 낫습니다. 대신 첫 빵 나오는 시간 정도는 알려도 좋습니다.

Pre-Open
오픈 시뮬레이션 기간

기계장비부터 소도구까지 모든 것이 제자리를 찾았다면 깨끗하게 청소 후 본격적으로 오픈 준비에 돌입한다. 동네 손님들에게 좋은 이미지를 심어주기 위해서는 오픈 전의 이 시뮬레이션 기간이 매우 중요하다.

동네 사람에게 빵집 오픈을 알린다.

오픈 날짜가 쓰여진 현수막을 건다.

프리 오픈 기간에는 반드시 오픈 날짜를 알리는 현수막을 설치한다. 인테리어 공사 기간 동안에 빵집 오픈을 알리는 현수막을 걸어 두었더라도 공사 기간이 얼마나 걸릴지 모르기 때문에 정확한 오픈 날짜는 공지할 수 없다. 오픈 준비를 하는 이 프리 오픈 기간에는 정확한 개업일과 영업시간, 휴무일을 알리는 현수막을 준비해서 가게 전면에 붙인다.

오픈 전에도 손님 응대는 성심성의껏 한다.

이 기간에 가게를 찾거나 질문을 던지는 손님에게 성심껏 대한다. 오픈 날짜와 어떤 빵을 판매할지 등에 대해서 친절히 안내하고 꼭 다시 뵙자는 인사도 잊지 않는다. 오픈 하기 전에 관심을 갖는 손님은 꼭 다시 찾아온다는 것을 잊지 말자.

1~2주 정도 매일 빵을 만들어 본다.

판매하기로 정한 빵 3~5종류를 매일, 영업 초반 매출 목표로 잡은 물량 그대로 생산해본다. 같은 공간에서 매일 같은 작업을 하면 실력이 는다. 최소 90% 이상의 퀄리티가 될 때까지 계속 시뮬레이션을 한다. 제빵 경력에 따라 1주일 혹은 2주일 정도 연습하면 되는데 원하는 품질이 나오지 않으면 나올 때까지 반복한다.

빵 자르기와 포장을 연습한다.

개업 초기에는 손님이 몰리는 상황에서 빵을 포장하고 계산하는 것만으로도 벅차다. 빵을 잘라서 포장하길 원하는 손님이 꽤 많기에 손님이 원하는 대로 빵을 자르고 포장하는 연습도 필요하다. 식빵은 전용 슬라이서로 일정하게 자르고 포장해본다. 작은 빵들은 빵칼을 사용해서 자르고 포장해본다. 오너 셰프 뿐 아니라 함께 일을 하는 직원도 연습해야 한다.

영업시간에 맞춰 빵을 구워 본다.

내가 만든 빵이 판매하는데 전혀 문제가 없을 정도로 품질이 완성되었다면 영업시간에 맞춰 생산해 본다. 실제로 영업을 하는 것과 똑같은 시간을 설정하여 가게에 나와 빵을 구워 완성해본다. 제 시간에 나오는지 품질은 여전히 좋은지 확인해야 한다.

6

작업에 필요한 원료와 도구 등을 재차 확인한다.

빵을 만들어 보면서 부족한 부분은 없는지 다시 한 번 확인한다. 하루에 판매할 분량의 빵을 만들었을 때 원재료는 어느 정도 사용되는지, 더 필요한 소도구는 없는지, 소도구의 위치가 작업하기에 불편함은 없는지 등 여러 가지를 꼼꼼하게 확인한다. 그래야 실제 빵집 문을 연 후 제빵과 판매 작업에 차질이 생기지 않는다.

포스 사용법을 완전히 익힌다.

오픈 후 손님이 왔을 때 포스 기계를 다루는데 익숙하지 않아 우왕좌왕하는 것도 문제이므로 오픈 전에 사용법을 완전히 익혀야 한다. 카드 결제, 현금 결제, 현금영수증 발행, 지출 증빙, 매출 취소와 수정 등을 하는데 문제가 없을 정도로 연습을 한다. 대표자 카드로는 계산을 할 수 없으므로 다른 카드로 연습을 해본다.

Goal

프리 오픈 동안 만든 빵은 어떻게 하지?

프리 오픈 기간 동안 만든 빵은 푸드뱅크(www.foodbank1377.org)에 기부할 수 있습니다. 그리고 만족스러운 품질에 도달한 빵이 나왔다면 주변 상가 등에 개업 떡 돌리듯이 빵을 나누어드리며 오픈 소식을 알리는 데 사용하세요.

푸드뱅크는 기업 및 개인으로부터 식품과 생활용품을 기부 받아 결식아동이나 독거노인 등 저소득 소외계층에게 물적 나눔을 지원하는 곳입니다. 빵을 냉동해 두었다가 어느 정도 물량이 쌓이면 푸드뱅크에 연락하면 됩니다. 매월 기부금 영수증도 발행해주니 세금 감면도 받을 수 있어요.

손님보다 지인이 많이 오는 빵집?

빵집을 오픈했다는 소식을 들으면 지인들의 방문이 이어지게 마련입니다. 너무나 감사한 일이지만 지인 방문은 프리 오픈 기간으로 한정하는 게 좋습니다. 정식 오픈 때에는 맛있는 빵을 굽고 문제없이 판매하는 것만으로도 혼이 쏙 빠집니다. 반가운 지인과 인사 나누고, 이야기 꽃을 피우는 중에 어처구니없는 실수가 생길 수 있습니다. 빵집 운영에 완전히 익숙해지기 전까지는 오로지 빵집 운영에만 집중하세요.

OPEN

초반 6개월이 중요하다

새로 오픈한 마트에서 구입한 물건이 만족스럽지 않다고 해서 다시는 그곳에 가지 않겠다는 사람은 드물다. 하지만 빵집은 다르다. 빵을 먹고 맛이나 친절, 위생 등 어떤 면에서든 만족하지 못하면 그 집은 다시 찾지 않는다. 제품의 맛, 위생, 서비스 어느 것 하나 중요하지 않은 것이 없다. 특히 초반 6개월~1년까지는 모든 것에 신경 써야 한다.

오픈 초기에 반드시 지킬 것!

손님이 원해도 가짓수와 생산량을 늘리지 않는다

새로 오픈한 동네 빵집을 찾는 손님 대부분은 빵을 사려고 오는 사람보다 그곳의 이모저모가 궁금해서이다. 그리고 이런 빵은 없냐, 저런 빵은 안 파냐 등 내가 구성한 메뉴에 없는 빵을 손님들은 찾을 것이다. 그런 요구는 잠깐 접어두고 내가 정한 메뉴대로 밀고 나간다. 특정한 빵을 사러 오는 경우보다는 그냥 그 빵집에서 판매하는 빵을 사서 가는 경우가 더 많기 때문이다. 수요에 맞춰 공급을 함부로 늘려서는 안 된다.

품질에 집중한다

초반에는 판매량보다 무조건 품질에 신경써야 한다. 프리 오픈(소프트 런칭) 기간에 제빵부터 판매까지 시뮬레이션을 해도 개업 초반에는 실수가 잦다. 항상 100점짜리 빵을 만들 수 있으면 좋겠지만 쉽지 않은 일이다. 행여 품질이 떨어지는 70점짜리 빵은 절대 판매해서는 안 된다. 이집 빵 맛이 별로라는 인식이 생기면 손님은 다시 오지 않는다. 적어도 90점 이상 되는 빵만 판매하자.

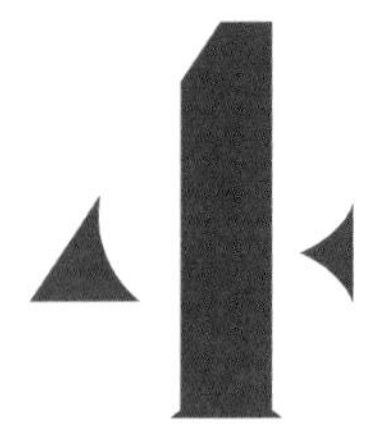

솔드 아웃(sold out) 공지를 한다

매장 영업이 끝난 뒤에는 당일 생산한 제품이 모두 판매되었다는 것을 꼭 공지하고, 수제 빵집이라 생산량의 한계가 있다는 것도 전한다. 예쁘게 디자인된 솔드 아웃 공지 게시판 등은 손님이 볼 때 오히려 진정성이 없어 보일 수 있으니 되도록 손으로 적어서 붙이는 게 낫다.

솔드 아웃 공지를 통해 손님들은 빵집의 매력이 궁금해진다. 자신이 방문한 시간에 빵이 없으면 다음에는 빵을 사기 위해 시간 맞춰 오게 마련이다. 5~6개 남은 빵을 팔겠다고 가게 문을 주구장창 열어 두는 것은 빵집의 매력을 떨어뜨리는 일이다. 그러니 반드시 정해진 시간에 문을 닫도록 한다. 그렇게 되면 자연스럽게 선순환이 일어난다.

건강 관리에 신경 쓴다

입소문에 민감한 동네 빵집을 운영하려면 여러 면에 세심하게 신경을 써야 한다. 체력이 버티지 못하면 정신적으로 스트레스를 받아 나도 모르게 불친절해질 수밖에 없고, 제품의 품질도 장담할 수 없다. 또한 건강에 문제가 생겨 아프기라도 하면 영업을 하지 못하게 된다. 다른 업종에 비해 빵집은 오픈 초기에 손님이 많은 편인데, 손님이 몰린다고 무리하거나 욕심부리지 말고 내 페이스대로 꾸준하게 영업을 이어가는 게 중요하다.

개업식이나 오픈 이벤트는 하지 않는 게 낫다

개업식은 가급적 하지 않는 게 낫다. 개업 초기에는 제품의 생산과 품질, 매장 운영에 집중을 해도 모자랄 시기인데, 개업식을 통해 사람들이 찾아오면 응대하느라 시간을 뺏길 수 있다. 게다가 개업 선물로 들어오는 화분 등을 둘 자리도 마땅치 않을 것이다. 동네 주민들의 이목을 끌기 위한 오픈 이벤트도 마찬가지로 하지 않는 게 낫다. 빵집 오픈을 알리는 건 인테리어 공사 기간인 1~2개월이면 충분하다. 빵집의 재방문은 결국 빵 맛이다. 개업 초기에는 다른데 신경 쓸 여유가 없다. 무조건 제품의 품질에만 신경 쓰도록 한다.

빵집 운영은 균형 잡기가 중요하다

손수 나의 빵집을 열어 운영하는 건 마치 연애할 때 '밀땅'하기와 비슷한 것 같습니다. 고객을 위한다는 마음으로 무조건 맞추다보면 오히려 매력이 떨어질 수 있습니다. 게다가 모든 고객들이 바라는 것을 만들어낼 수도 없습니다. 처음부터 내가 할 수 있는 만큼 제품을 만들고, 영업시간과 영업일을 정하여 고객들이 작은 빵집의 룰을 천천히 받아들일 수 있게 하세요. 부족한 부분은 빵의 품질로 만족시켜 드리면 됩니다. 최상의 컨디션으로 맛좋은 빵을 만들면서 꾸준히 영업하다보면 우리 빵집의 스타일과 맞는 고객들이 점점 늘어나게 될 것입니다.

잊지마세요. 제일 중요한 것은 맛있는 빵입니다!

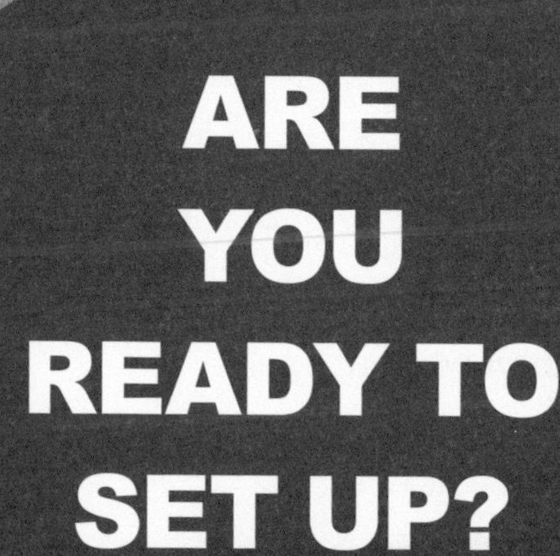
ARE
YOU
READY TO
SET UP?

‘나는 과연 빵집을 차릴 준비가 되었는가’

체크 리스트

- ☐ 제빵 경력이 3년 이상이다.
- ☐ 아침에 잘 일어나고 체력이 좋다.
- ☐ 자금이 1억5천만 원 이상 있다.
- ☐ 자영업 또는 사업을 해본 경험이 있다.
- ☐ 빵집 판매일을 해본적 있다.
- ☐ 도움을 구할 수 있는 선배 제빵사가 있다.
- ☐ 매장 관리를 해줄 수 있는 가족 또는 지인이 있다.
- ☐ 제품 원가 계산을 할 수 있다.
- ☐ 빵집 설립 인허가 사항을 알고 있다.
- ☐ 베이커리 기계장비에 대한 전기 설비를 알고 있다.
- ☐ 급기와 배기에 대해 알고 있다.
- ☐ 종합소득세와 부가세에 대해 이해하고 있다.
- ☐ 제빵 및 판매 관련 거래처를 알고 있다.

빵집 오픈 후에 생기는 궁금증

Q 투자금의 회수 시점이라는 것이 있는지?

A 본인 인건비를 제외하고 5년 안에는 투자금이 회수되야 한다.

Q 빵집을 열기에 좋은 때라는 게 있을까?

A 오픈 시기는 중요하다. 가을에 오픈하려면 추석 지나서 한다. 봄에 오픈하면 오픈 특수를 제대로 누릴 수 있다. 그러나 여름이 되면 바로 매출이 떨어진다. 60~70%까지 떨어질 수도 있다. 그러니 가급적 여름에는 오픈을 피하자. 여름에 문을 열려면 겨울이 끝날 무렵이나, 봄 중에는 부동산을 적극 알아봐야 하는데 이때는 권리금이 올라가는 시기이다. 부동산도 계절을 타기 때문이다. 오히려 한여름 동안에 부동산을 알아보는 게 더 낫다.

Q 여름에 매출이 너무 떨어지는데 이대로 괜찮을까?

A 빵집은 계절을 타는 장사이다. 평균적으로 봄의 매출이 좋고, 여름에는 매출이 뚝 떨어졌다가 다시 가을이 되면 오른다. 하지만 봄만큼은 아니다. 계절에 따라 매출이 오르락내리락 하는 것을 받아들여야 한다. 당연히 여름에는 신제품 출시도 피해야 한다. 신제품은 장사가 잘 될 때 내는 것이지 떨어질 때 내는 게 아니다. 여름처럼 빵집이 한가한 시기를 타서 제빵 기술을 더 배우러 다니면 좋다.

Q 빵 메뉴를 늘리려면 장비도 구입해야 한다?

A 하드계열의 빵을 판매하고자 한다면 프랑스, 독일 기계를 리스하는 것도 방법이다. 비용이 문제이므로 리스를 하는 것이다. 하드계열의 빵을 만들 게 아니라면 굳이 비싼 오븐은 필요 없다. 우리가 동네 빵집에서 쓰는 것은 대체로 유럽에서는 제과용으로 쓰는 오븐이다. 빵 전문 오븐은 가격이 1억 내외로 우리나라에서 이런 오븐을 쓰는 곳조차 찾기 어렵다. 당연히 동네 빵집에는 너무 과하다.

Q 가능한 생산량을 측정하는 게 어렵다?

A 생산량은 오븐을 기준으로 생각하면 편하다. 오븐의 생산량에 따라 반죽기, 발효기가 달라져야 한다. 철판의 크기가 600㎜×400㎜이고, 여기에 단팥빵을 굽는다고 가정하자. 그럼 최대 12개 정도를 한 판에 구워 낼 수 있다. 오븐은 2매 3단 / 3매 3단 / 4매 3단 등으로 구분할 수 있는데 매는 철판이 몇 개 들어가느냐, 단은 몇 단이 있느냐를 뜻한다. 그렇게 생산 가능한 빵 개수를 계산해 볼 수 있다.

Q 영업이 안 되는데 그 이유를 어떻게 파악해야 할까?

A 손님들은 빵이 맛있다고 하는데, 장사는 잘 안 된다는 빵집들이 있다. 빵 맛을 손님들에게 물어보는 것은 아무 의미가 없다. 우리나라 사람들은 대체로 싫은 소리를 하지 않으니 '맛없다'는 말을 주인에게 할 사람은 거의 없다. 하지만 먹는 장사는 결국에는 '맛'에 달렸다. 그 다음이 위생과 서비스이다. 내가 만든 제품에 내 입맛이 길들여졌을 수 있다. 객관적으로 제품을 평가해보고, 그 다음 위생과 서비스에는 문제가 없는지 다시 한 번 살핀다.

Q 사람들이 가장 많이 하는 실수는?

A 가장 많이 하는 실수는 무리해서 장사를 하는 것이다. 빵집은 오픈 초기에 대부분 장사가 잘 된다. 오픈 특수를 평균 매출이라고 여겨 무리해서 생산량을 늘리거나 영업일, 영업시간을 초과하고 만다. 그리고 손님들의 요구사항에 이리저리 휘둘린다. 그러다보면 빵집의 색깔이 흐려지고, 빵의 품질은 떨어지고, 몸과 마음까지 지친다. 할 수 있는 것에 최선을 다하고, 한 단계씩 일의 폭을 넓히며, 손님과도 어느 정도 거리를 두는 게 좋다.

Q 빵집을 여는 과정 중 가장 주의해야 하는 단계는?

A 어느 한 단계라고 콕 집어 말할 수는 없다. 제일 먼저 부동산 계약에서 다양한 조건에 부합하는 곳을 찾기 힘들다. 그 다음엔 전기 증설 같은 문제가 생길 수 있다. 그리고 가장 큰 산이라고 할 수 있는 인테리어 설계와 시공 단계에서 대체로 크게 좌절한다. 그게 잘 끝나고 기계장비를 구매하고 설치하고, 구동하면서 어려움을 겪는다. 이후 갖은 세부사항을 일일이 챙기며 영업 준비를 하고, 자신의 실력만큼 빵 품질을 높이기 위해 연습에 매진해야 한다. 그러다보면 어느새 오픈날이 다가온다. 이 모든 과정 동안 비용 문제는 물론이며 자신의 몸과 마음이 상하지 않게 잘 관리해야 한다.

"

동네 빵집을 꿈꾸는 미래의 사장님들에게 당부 또 당부하고 싶은 이야기

"

'빵이라는 아이템은 사업적으로 접근하면 대단히 어려운 품목이다. 하지만 스스로 기술을 배워 동네의 작은 빵집 오너 셰프가 되어 소박하게 장사를 꾸려간다면 이보다 더 좋은 아이템도 없다. 지금까지 변해온, 또 앞으로 있을 변화를 예측해보면 오너 셰프가 운영하는 동네 빵집은 시간이 지나면 지날수록, 한 자리에서 오래 장사를 할수록 경쟁력이 올라간다.

요즘에는 '장사는 브랜딩이다'는 인식이 강하고, 맞는 말이다. 유동인구가 많고 상권이 좋은 번화가, 또는 불특정 다수가 가끔씩 오는 관광지 등에 빵집을 오픈한다면 제품보다 브랜딩이 중요한 게 사실이다(물론 장기적으로 보면 이 또한 품질 즉, 빵의 맛이 최우선이지만). 하지만 항상 고정적인 유동인구가 있는 동네 빵집의 상황은 조금 다르다. 제빵 기술이 부족한 상태로 개업 초기 브랜딩과 마케팅을 잘한 덕에 손님이 몰리게 되면 혼돈의 상태로 제품과 서비스가 모두 엉망진창이 될 수 있다. 한 번 왔는데 빵은 맛이 없고, 서비스까지 불만이라면 손님은 다시 그 가게를 찾지 않는다. 결국 매일 빵집 앞을 지나가는 동네 손님들의 발길이 뚝 끊기고 만다. 반면 실력과 상황에 맞게 소량의 빵이라도 맛있게 구워 정성스레 판매하는 곳은 한 번 온 손님이 다시 오고, 품절된 빵을 구하지 못한 손님까지도 다시 오게 마련이다.

초반에는 생산, 판매, 관리 등 모든 부분에서 완벽하게 준비할 수 없다. 본인의 능력을 정확히 가늠하여 최상의 제품을 조금씩 만들어 판매하고, 가게 문 앞에 '솔드 아웃'을 내걸고 다음날을 준비하는 게 맞다. 이러한 패턴으로 1개월만 장사를 이어가면 본인의 제빵 능력도 급속도로 성장한다. 제빵 솜씨가 안정되면 그때 제품 종류와 생산량을 조금씩 늘려본다. 그러다보면 '맛있는 빵집', '오픈 런 하는 빵집', '정직한 빵집' 같은 좋은 이미지를 얻게 된다. 다시 한 번 당부하지만 '욕심'을 버려야 한다. 욕심은 내 능력을 과대평가하여, 탐내거나 누리고 싶은 마음이다. 개업 초기에는 내 능력 만큼만 생산해야 한다. 동네 빵집 성패는 오픈 초기 제품의 품질에 달려 있다. 이를 위한 현실적인 방법을 생각하고 실천하자.

개업 초기에는 어떤 손님이 올 지 예측할 수 없다. 입맛과 취향이 저마다 다를 수밖에 없다. 게다가 좋은 뜻으로 다양한 조언과 요구사항도 아끼지 않는다. 이때 자신이 운영하는 동네 빵집의 방향키를 잘 그러잡아야 한다. 손님의 요구와 취향을 모두 수용할 수는 없기 때문이다. 자신이 제일 잘 할 수 있는 방향으로 갈 때 도움이 되는 조언과 요구사항을 분별하여 수용해야 한다. 아무리 황금 같은 조언이라도 받아들일 상황이 안 되거나 내게 맞지 않는다면 과감히 포기하고, 미루거나 꼭꼭 접어 마음 깊이 넣어두는 게 낫다. 어차피 좋은 빵집에는 좋은 손님들이 오게 마련이니 잠깐의 서운함이나 불편함에 휘둘리지 말아야 한다.

성수베이킹스튜디오 오너 셰프
황석용

〈동네 빵집 우리도 열어 볼까?〉를 탐독한 독자분들께서 책을 덮고 드디어 나만의 동네 빵집을 시작한다면 믿고 거래해도 좋을 5곳의 업체를 추천해드립니다. 초보 사장일수록 믿을 수 있는 품질의 합리적인 가격 선에서 장비와 도구를 구매하는 게 중요합니다. 물론 초보 사장님들의 다양한 질문에 친절하고 상세하게 대답해주는 업체이면 더욱 좋겠지요.

[기계장비]

기계장비는 빵집에서 가장 중요하면서도 큰 비용이 드는 항목입니다. 그만큼 자신의 빵집에 알맞은 것으로 골라야 합니다. 수입 및 국산 기계장비를 모두 취급하는 업체들입니다. 기계장비에 관하여 상세한 상담이 가능하며, 설치는 물론 사후관리까지 체계적으로 관리되는 곳들입니다.

그로텍이엔씨(GROTEC)

1600-3197

경기도 하남시 초광산단로 113, 5층

grotecenc@gmail.com

grotec.kr

토스템(TOSTEM)

02-3443-8744

서울시 동작구 노량진로23가길 16

https://blog.naver.com/tostem10

지테크이엔씨(G-TECH E&C)

031-705-8755

경기도 용인시 처인구 모현읍 백옥대로2101번길 51

gtechenc.com

[베이킹 소도구]

좋은 품질의 제품을 취급하며, 가격이 합리적인 곳들입니다. 두 곳 모두 코팅 제품의 품질이 믿을만합니다. 도구의 종류도 다양하고, 재고 확보가 안정적으로 되며, 온라인 배송이 가능하므로 편리합니다. '실팬'은 매장이 있으므로 초보 베이커라면 직접 방문하여 살펴본 다음 구매하길 권합니다. LK베이크웨어는 온라인숍을 운영 중이니 카달로그를 요청하여 받아 두면 물건을 구매할 때 편리하고 정확하게 주문을 할 수 있습니다.

실팬 제이원제이코리아 베이킹마트(silpan)

02-464-5190

서울시 성동구 뚝섬로3길 6 성수현대그린 상가동

@silpan_1

LK베이크웨어(LK Bakeware)

031-534-2862

경기도 포천시 가산면 정금로 219-1(정교리54번지)

lk-bw@hanmail.net

www.lkbakeware.com

나만의 가게를 위한 혹독한 셀프 컨설팅

동네 빵집 우리도 열어볼까?

펴낸 날 초판 1쇄 2025년 2월 10일

지은이 황석용 | 펴낸이 김민경
구술 정리 이채현 | 설계와 인테리어 도움말 박정규(이파리건축사사무소)
책임 편집 김민경(pan.n.pen) | 디자인 임재경(another design)
인쇄 도담프린팅 | 종이 디앤케이페이퍼 | 물류 해피데이

펴낸곳 팬앤펜(pan.n.pen) | 출판등록 제307-2017-17호
주소 서울시 성북구 삼양로 43 IS빌딩 201호 | 전화 031-939-0582 | 팩스 02-6442-2449
이메일 panpenpub@gmail.com | 블로그 blog.naver.com/pan-pen
인스타그램 @pan_n_pen

ISBN 979-11-91739-10-7(13320) 값 21,000원

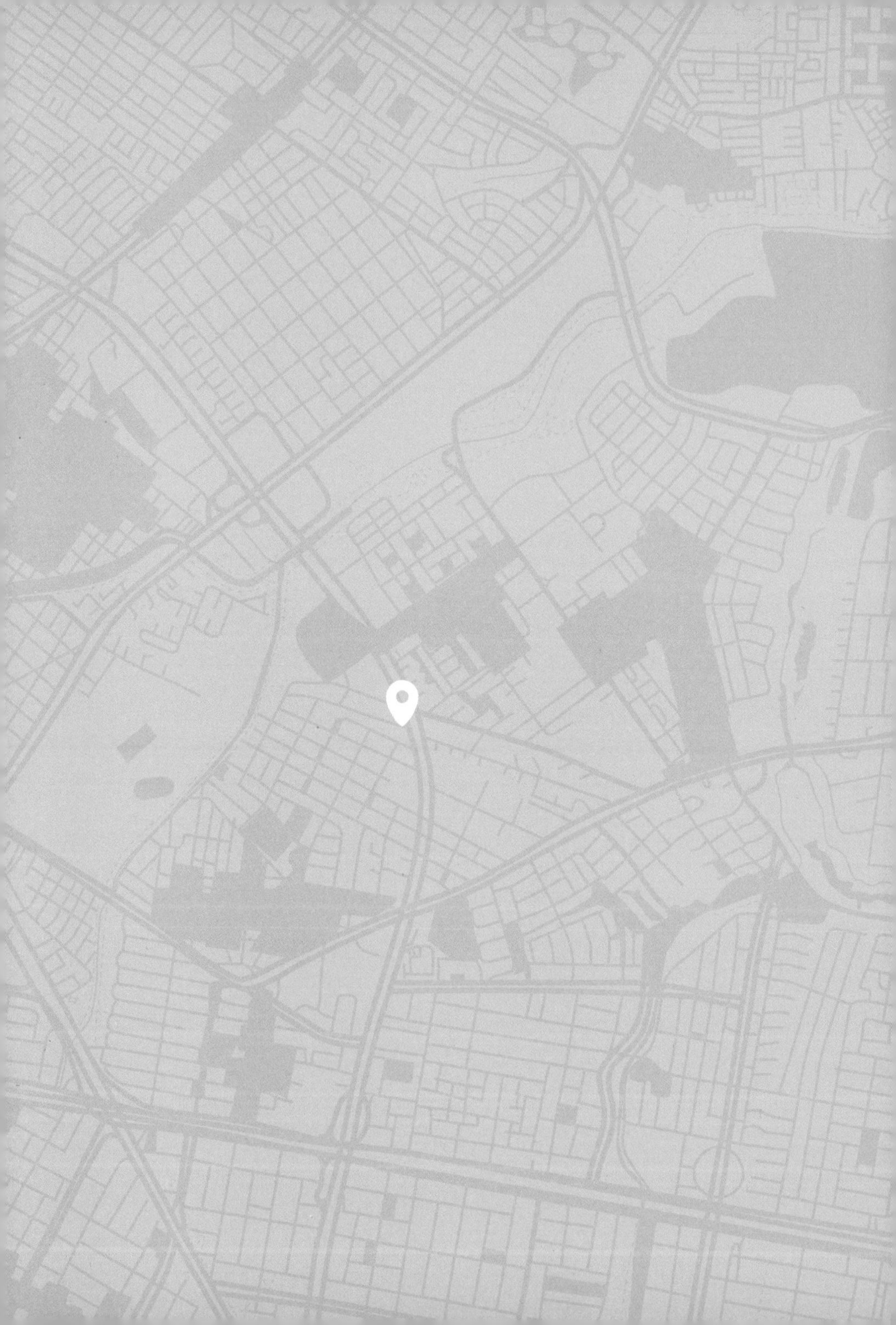